THE SCIENCE FICTION MAGAZINES

A Bibliographical Checklist

of Titles and Issues

Through 1982

Compiled by

Hal W. Hall

Head, Special Formats Division
Texas A&M University Library

with the assistance of

Kenneth R. Johnson

and

George Michaels

R. Reginald
The Borgo Press
San Bernardino, California
MCMLXXXIV

THE SCIENCE FICTION MAGAZINES

A Bibliographical Checklist of Titles
and Issues through 1982.

Copyright © 1983
by H. W. Hall
All Rights Reserved

Library of Congress Cataloging in Publication Data

Hall, Halbert W.
   The science fiction magazines.

   Reprint. Originally published: Bryan, TX : SFBRI, 1983.
   Includes indexes.
   1. Science fiction—Periodicals—Bibliography.
2. Fantastic fiction—Periodicals—Bibliography.
I. Johnson, Kenneth R.   II. Michaels, George.   III. Title.
Z5917.S36H37 1984   016.80883'876   84-11192
[PN3433]
ISBN 0-89370-772-4

CONTENTS

Introduction.....................................i

Checklist.......................................1

Editor Index...................................61

Indexes to the Magazines.......................69

Appendix: Non-English Language Science
Fiction and Fantasy Magazines. Preliminary
Listing..73

INTRODUCTION

The compilation of a checklist of the science fiction, fantasy and related magazines is a challenging project. Such a checklist may serve many purposes, from a guide to the magazine collector to a bibliographic resource for the scholar. The checklist may be narrowly defined to include only the "science fiction" magazines (providing, of course, one can successfully define that phrase), or more broadly defined to include science fiction, fantasy, and other related titles. This checklist takes the broader perspective, including a variety of magazines, all of which are in some way related to science fiction and fantasy. Philosophically, the checklist operates from the position that systematic bibliography must start from quantitative checklists and bibliographies which establish the full range of the subject, and proceed to descriptive bibliographies, content studies, historical analyses, and other studies. Without the establishment of the quantitative whole of the field, the historian or critic runs the risk of making an erroneous statement derived from incomplete data.

This Checklist is designed to establish the range of magazine science and fantasy as it is known in 1982, and contains data on most known science fiction and fantasy magazines worldwide. The Checklist does not contain data on several magazines which are rare or perhaps nonexistent; as factual data on these magazines is located, they will be added to the checklist. The user may also find magazines which they consider outside the scope of the field. The statement of philosophy above explains their inclusion at this time. As other data becomes available or issues are available for examination, titles will be added or deleted as dictated by facts.

The Checklist is functionally an analytical bibliography of the magazines, providing exact information on the bibliographic history of the magazines, as shown in the issues themselves. In addition, notes have been added from other sources, to clarify some points, or to provide information not given in the magazines. The Checklist attempt to show exact points of title change for all major title variations of the magazines, and many of the subtitle changes. Since the Checklist was compiled over a period of several years, some subtitle omissions occur; a project is now underway to complete the analytical element of this Checklist. No other single source provides the depth of information, nor the accuracy of information on the science fiction and fantasy magazines for the time period covered.

This checklist is based on the Texas A&M University Library Science Fiction Research Collection, and was initially created as a holdings list of that collection as it was acquired. The Texas A&M University Library Science Fiction Research Collection now houses from 90% to 95% of the English language titles in this checklist, and a sample of the non-English titles. Those items which are not held in the Texas A&M collection have been verified in other collections whenever possible. The checklist does not include comic books, the "monster" magazines, or many of the early titles which carried significant quantities of fantastic fiction, such as _Argosy_, _All-Story_, or _Modern Electrics_. Also excluded at this time are the many "special issues" of magazines which were completely devoted to fantastic fiction.

The appendix, listing the majority of the non-English language magazines, is a particularly difficult listing to compile. Issues and data are difficult to obtain and verify, the languages defy any single bibliographer, and the various styles of publishing make the creation of an accurate checklist slow and arduous. Many titles, previously identified as "magazines", turned out to be numbered series, more akin to the old dime novels, or to a publisher's numbering scheme, such as that originally employed by DAW Books. This section is under continuous revision, with the ultimate goal being the creation of a complete checklist for each appropriate title. Location of issues and data for some countries is almost by accident rather than design. Three years of correspondence has failed to locate much more than a few hints about the Mexican or Brazilian SF titles, for example, and collections which may contain those titles have been beyond the reach of the compiler.

ARRANGEMENT

The Checklist is alphabetically arranged by title. Following normal American practice, entry is under the current (or last) title used. Consequently, issues of Astounding will be found under the Analog entry. Title cross references refer the user from all significant title changes to the filing title of each magazine.

DATA PROVIDED

Each entry provides as much data as could be located and verified from the issues themselves. The following data are provided: latest title, inclusive numbering, inclusive dates; place of publication and latest publisher; editors; publisher variations; code; where indexed; information notes; issue-by-issue checklist with title changes and numbering variations noted. The information notes may be drawn from the issues themselves, or from other sources.

The "Editor Index" provides access to the service of all editors listed in the Checklist. Exact dates of the change of editorial control are frequently obscure; dates shown are as accurate as could be determined.

The "Indexes to the Magazines" listing fully identifies each index referred to in the "Indexed in:" statements in the Checklist. This listing is not definitive, but does include the majority of the important indexes to the magazines. Additional index information will be added as it is identified, along with a bibliography of secondary books and articles about the SF magazines.

UPDATING

No checklist of this type is ever complete, or completely without error. Every effort has been made to verify details, but some errors have no doubt crept in. In some cases, the magazines have a very checkered past, and several possibilities exist as to how to list them. The checklists included here vary from previously published checklists in some ways, but in virtually every case, the variation is based on both actual examination of the issues, and consultation with knowledgable authorities on the titles. In a few cases, problems are known to exist, but the resolution is not yet available, and will be deferred until the second edition of this checklist. In other cases,

ACKNOWLEDGEMENTS

Many individuals assisted in the creation of this checklist. In all cases, their help was invaluable, and made the checklist a better product.

Kenneth R. Johnson in particular deserves mention for the meticulous review of the first draft of the checklist, and checking details against the MIT Science Fiction Society collection. Ken uncovered several typographic errors in the document, identified several problem areas, and proposed revisions which were important in more accurately listing the titles. No amount of thanks are adequate for the time and effort he expended.

Donald H. Dyal, Head, Special Collections at Texas A&M University, provided invaluable support in the the building of the Science Fiction Research Collection, in his comments on the Checklist, and in his cooperativness in making the collection available for in-depth analysis.

Donald Tuck, of Hobart, Tasmania, also provided invaluable help on a number of scarce and esoteric titles.

Mary Beth Walker, of the Eastern New Mexico University Library, assisted in clarification of several problem titles.

Robert A. Tibbetts, of The Ohio State University Library, assisted in the early development of the checklist, and in providing details on magazines held in the Ohio State Library Collection.

George Michaels, of the Texas A&M University Library, assisted in compilation of the list and verification of details.

Many others offered comments and suggestions on the Checklist. To all those unnamed correspondents, a special "Thank You" for your time and assistance.

incomplete data is included here, on the theory that some information is better than none. Data on these titles will be included in future editions as it is available. The combined expertise of the users of the checklist far exceeds the efforts of any two or three people, and I invite your comments and suggestions on the improvement of this checklist. Address any correspondence to: Hal W. Hall, 3608 Meadow Oaks Ln., Bryan, TX 77802.

THE SCIENCE FICTION AND FANTASY MAGAZINES

AMAZING

volume numbering of Fantastic.
    During the period May 1979-Aug. 1980, the masthead of the magazine listed Omar Gohagen as the editor. This was a fictitious name, with Elinor Mavor serving as the editor during this time.
    Absorbed Fantastic in November 1980.
    Code: AMZ
    Indexed in: Day, Strauss, Metcalf, NESFA, SFBRI, TWACI.

Issue Checklist:

Amazing Stories

Vol	No	Month	Year
1	1	Apr	1926
1	2	May	1926
1	3	Jun	1926
1	4	Jul	1926
1	5	Aug	1926
1	6	Sep	1926
1	7	Oct	1926
1	8	Nov	1926
1	9	Dec	1926
1	10	Jan	1927
1	11	Feb	1927
1	12	Mar	1927
2	1	Apr	1927
2	2	May	1927
2	3	Jun	1927
2	4	Jul	1927
2	5	Aug	1927
2	6	Sep	1927
2	7	Oct	1927
2	8	Nov	1927
2	9	Dec	1927
2	10	Jan	1928
2	11	Feb	1928
2	12	Mar	1928
3	1	Apr	1928
3	2	May	1928
3	3	Jun	1928
3	4	Jul	1928
3	5	Aug	1928
3	6	Sep	1928
3	7	Oct	1928
3	8	Nov	1928
3	9	Dec	1928
3	10	Jan	1929
3	11	Feb	1929
3	12	Mar	1929
4	1	Apr	1929
4	2	May	1929
4	3	Jun	1929
4	4	Jul	1929
4	5	Aug	1929
4	6	Sep	1929
4	7	Oct	1929
4	8	Nov	1929
4	9	Dec	1929
4	10	Jan	1930
4	11	Feb	1930
4	12	Mar	1930
5	1	Apr	1930
5	2	May	1930
5	3	Jun	1930
5	4	Jul	1930
5	5	Aug	1930
5	6	Sep	1930
5	7	Oct	1930
5	8	Nov	1930
5	9	Dec	1930
5	10	Jan	1931
5	11	Feb	1931

(v. 5 no. 10 on spine)

Vol	No	Month	Year
5	12	Mar	1931
6	1	Apr	1931
6	2	May	1931
6	3	Jun	1931
6	4	Jul	1931
6	5	Aug	1931
6	6	Sep	1931
6	7	Oct	1931
6	8	Nov	1931
6	9	Dec	1931
6	10	Jan	1932
6	11	Feb	1932
6	12	Mar	1932
7	1	Apr	1932
7	2	May	1932
7	3	Jun	1932
7	4	Jul	1932
7	5	Aug	1932
7	6	Sep	1932
7	7	Oct	1932
7	8	Nov	1932
7	9	Dec	1932
7	10	Jan	1933
7	11	Feb	1933
7	12	Mar	1933
8	1	Apr	1933
8	2	May	1933
8	3	Jun	1933
8	4	Jul	1933
8	5	Aug/Sep	1933
8	6	Oct	1933
8	7	Nov	1933
8	8	Dec	1933
8	9	Jan	1934
8	10	Feb	1934
8	11	Mar	1934
8	12	Apr	1934
9	1	May	1934
9	2	Jun	1934
9	3	Jul	1934
9	4	Aug	1934
9	5	Sep	1934
9	6	Oct	1934
9	7	Nov	1934
9	8	Dec	1934
9	9	Jan	1935
9	10	Feb	1935
9	11	Mar	1935
10	1	Apr	1935
10	2	May	1935
10	3	Jun	1935
10	4	Jul	1935
10	5	Aug	1935
10	6	Oct	1935
10	7	Dec	1935
10	8	Feb	1936
10	9	Apr	1936
10	10	Jun	1936
10	11	Aug	1936
10	12	Oct	1936
10	13	Dec	1936
11	1	Feb	1937
11	2	Apr	1937
11	3	Jun	1937
11	4	Aug	1937
11	5	Oct	1937
11	6	Dec	1937
12	1	Feb	1938
12	2	Apr	1938
12	3	Jun	1938
12	4	Aug	1938
12	5	Oct	1938
12	6	Nov	1938
12	7	Dec	1938

A. MERRITT'S FANTASY MAGAZINE

A. MERRITT'S FANTASY MAGAZINE. V. 1-2 no. 1.
    December 1949-October 1950.
    Kokomo, Ind., Recreational Reading (Popular
    Publications).

    Editor: Not identified (Nicholl's
Science Fiction Encyclopedia identifies
Mary Gnaedinger as editor.)
    Code: AMF
    Indexed in: Day, SFBRI.

Issue Checklist:

Vol.	No.	Month	Year
		A. Merritt's Fantasy Magazine	
1	1	Dec	1949
1	2	Feb	1950
1	3	Apr	1950
1	4	Jul	1950
2	1	Oct	1950

AD ASTRA. No. 1-16. Nov. 1978-1981.
    London, Rowlot, Ltd.

    Editor: James Manning
    Code:
    Indexed in:

Issue Checklist:

		Ad Astra	
1	1	Nov	1978
1	2	Jan/Feb	1979
1	3		(1979)
1	4		(1979)
1	5		(1979)
1	6		(1979)
2	1		(1979)
2	2		(1980)
2	3		(1980)
2	4		(1980)
2	5		(1980)
2	6		(1980)
3	13		(1980)
(Numbering error-issue whole no. used)			
3	2		(1980)
3	15		(1980)
(Numbering error-issue whole no. used)			
	16		(1980)

AIR WONDER STORIES. V. 1. July 1929-
    May 1930.
    New York, Stellar Publishing Co.

    Editor: Hugo Gernsback.
    Note: Merged with Science Wonder
Stories to form Wonder Stories.
    Code: AWS
    Indexed in: Day, SFBRI

Issue Checklist:

		Air Wonder Stories	
1	1	Jul	1929
1	2	Aug	1929
1	3	Sep	1929
1	4	Oct	1929
1	5	Nov	1929
1	6	Dec	1929
1	7	Jan	1930
1	8	Feb	1930
1	9	Mar	1930
1	10	Apr	1930
1	11	May	1930

AMAZING DETECTIVE TALES. V. 1. 1930.
    New York, Techni-Craft Publishing Co.

    Editor: Hugo Gernsback
    Code: ADT
    Indexed in: Day, SFBRI

Issue Checklist:

		Scientific Detective Monthly	
1	1	Jan	1930
1	2	Feb	1930
1	3	Mar	1930
1	4	Apr	1930
1	5	May	1930
		Amazing Detective Tales	
	6	Jun	1930
	7	Jul	1930
	8	Aug	1930
	9	Sept	1930
	10	Oct	1930

AMAZING SCIENCE FICTION
see AMAZING STORIES

AMAZING SCIENCE STORIES. No. 1-2. 1951.
    Manchester, Eng., Pemberton's (of
    Manchester), Ltd.

    Editor: not identified
    Code: ASS
    Indexed in: ASFA, STRAISS, SFBRI
    Note: A reprint edition of the
Australian Thrills, Inc. (Kenneth
Johnson)

Issue Checklist:

Amazing Science Stories	
1	1951
2	1951

AMAZING STORIES. V. 1-   . April 1926-
    Lake Geneva, Wisc., Dragon Publishing, a
    division of TSR Hobbies, Inc.

    Editor: Apr. 1926-Apr. 1929, Hugo
Gernsback; May-Oct. 1929, Arthur H. Lynch;
Nov. 1929-Apr. 1938, T. O'Coner Sloane;
June 1938-Feb. 1947, B. G. Davis; Mar. 1947-
Dec. 1949, Raymond A. Palmer; Jan. 1950-
Aug 1956, Howard Browne; Sept. 1956-Nov.
1958, Paul W. Fairman; Dec. 1958-July 1964,
Cele Goldsmith; Aug. 1964-June 1965, Cele G.
Lalli; Aug. 1965-Oct. 1967, Sol Cohen; Dec.
1967-Sept. 1968, Harry Harrison; Nov. 1968-
Jan. 1969, Barry N. Malzberg; Mar. 1969-Nov.
1969, Sol Cohen; Jan. 1970-Feb. 1979, Ted
White; May 1979-Nov. 1982, Elinor Mavor; Nov.
1982-   , George H. Scithers.
    Publisher varies: Apr. 1926-June 1929,
Experimenter Publishing Co., Inc.; July
1929-Oct. 1930, Experimenter Publications,
Inc.; Nov. 1930-Aug. 1931, Radio-Science
Publications, Inc.; Sep. 1931-Jul. 1932, Teck
Publishing Co.; Aug. 1932-Feb. 1938, Teck
Publications; Apr. 1938-June 1965, Ziff-Davis
Publishing Co.; Aug. 1965-Aug. 1982, Ultimate
Publishing Co.; Sept. 1982-   , Dragon
Publishing, a division of TSR Hobbies, Inc.
    Issues for Nov. 1979-   assumed the

Vol	No	Month	Year		Vol	No	Month	Year
13	1	Jan	1939		20	8	Nov	1946
13	2	Feb	1939		20	9	Dec	1946
13	3	Mar	1939		21	1	Jan	1947
13	4	Apr	1939		21	2	Feb	1947
13	5	May	1939		21	3	Mar	1947
13	6	Jun	1939		21	4	Apr	1947
13	7	Jul	1939		21	5	May	1947
13	8	Aug	1939		21	6	Jun	1947
13	9	Sep	1939		21	7	Jul	1947
13	10	Oct	1939		21	8	Aug	1947
13	11	Nov	1939		21	9	Sep	1947
13	12	Dec	1939		21	10	Oct	1947
14	1	Jan	1940		21	11	Nov	1947
14	2	Feb	1940		21	12	Dec	1947
14	3	Mar	1940		22	1	Jan	1948
14	4	Apr	1940		22	2	Feb	1948
14	5	May	1940		22	3	Mar	1948
14	6	Jun	1940		22	4	Apr	1948
14	7	Jul	1940		22	5	May	1948
14	8	Aug	1940		22	6	Jun	1948
14	9	Sep	1940		22	7	Jul	1948
14	10	Oct	1940		22	8	Aug	1948
14	11	Nov	1940		22	9	Sep	1948
14	12	Dec	1940		22	10	Oct	1948
15	1	Jan	1941		22	11	Nov	1948
15	2	Feb	1941		22	12	Dec	1948
15	3	Mar	1941		23	1	Jan	1949
15	4	Apr	1941		23	2	Feb	1949
15	5	May	1941		23	3	Mar	1949
15	6	Jun	1941		23	4	Apr	1949
15	7	Jul	1941		23	5	May	1949
15	8	Aug	1941		23	6	Jun	1949
15	9	Sep	1941		23	7	Jul	1949
15	10	Oct	1941		23	8	Aug	1949
15	11	Nov	1941		23	9	Sep	1949
15	12	Dec	1941		23	10	Oct	1949
16	1	Jan	1942		23	11	Nov	1949
16	2	Feb	1942		23	12	Dec	1949
16	3	Mar	1942		24	1	Jan	1950
16	4	Apr	1942		24	2	Feb	1950
16	5	May	1942		24	3	Mar	1950
16	6	Jun	1942		24	4	Apr	1950
16	7	Jul	1942		24	5	May	1950
16	8	Aug	1942		24	6	Jun	1950
16	9	Sep	1942		24	7	Jul	1950
16	10	Oct	1942		24	8	Aug	1950
16	11	Nov	1942		24	9	Sep	1950
16	12	Dec	1942		24	10	Oct	1950
17	1	Jan	1943		24	11	Nov	1950
17	2	Feb	1943		24	12	Dec	1950
17	3	Mar	1943		25	1	Jan	1951
17	4	Apr	1943		25	2	Feb	1951
17	5	May	1943		25	3	Mar	1951
17	6	Jun	1943		25	4	Apr	1951
17	7	Jul	1943		25	5	May	1951
17	8	Aug	1943		25	6	Jun	1951
17	9	Sep	1943		25	7	Jul	1951
17	10	Nov	1943		25	8	Aug	1951
18	1	Jan	1944		25	9	Sep	1951
18	2	Mar	1944		25	10	Oct	1951
18	3	May	1944		25	11	Nov	1951
18	4	Sep	1944		25	12	Dec	1951
18	5	Dec	1944		26	1	Jan	1952
19	1	Mar	1945		26	2	Feb	1952
19	2	Jun	1945		26	3	Mar	1952
19	3	Sep	1945		26	4	Apr	1952
19	4	Dec	1945		26	5	May	1952
20	1	Feb	1946		26	6	Jun	1952
20	2	May	1946		26	7	Jul	1952
20	3	Jun	1946		26	8	Aug	1952
20	4	Jul	1946		26	9	Sep	1952
20	5	Aug	1946		26	10	Oct	1952
20	6	Sep	1946		26	11	Nov	1952
20	7	Oct	1946		26	12	Dec	1952

AMAZING

27	1	Jan	1953
27	2	Feb	1953
27	3	Mar	1953
27	4	Apr/May	1953
27	5	Jun/Jul	1953
27	6	Aug/Sep	1953
27	7	Oct/Nov	1953
27	8	Dec/Jan	1953/1954
28	1	Mar	1954
28	2	May	1954
28	3	Jul	1954
28	4	Sep	1954
28	5	Nov	1954
29	1	Jan	1955
29	2	Mar	1955
29	3	May	1955
29	4	Jul	1955
29	5	Sep	1955
29	6	Nov	1955
29	7	Dec	1955
30	1	Jan	1956
30	2	Feb	1956
30	3	Mar	1956
30	4	Apr	1956
30	5	May	1956
30	6	Jun	1956
30	7	Jul	1956
30	8	Aug	1956
30	9	Sep	1956
30	10	Oct	1956
30	11	Nov	1956
30	12	Dec	1956
31	1	Jan	1957
31	2	Feb	1957
31	3	Mar	1957
31	4	Apr	1957
31	5	May	1957
31	6	Jun	1957
31	7	Jul	1957
31	8	Aug	1957
31	9	Sep	1957
31	10	Oct	1957
31	11	Nov	1957
31	12	Dec	1957
32	1	Jan	1958
32	2	Feb	1958

Amazing Science Fiction

32	3	Mar	1958
32	4	Apr	1958

Amazing Science Fiction Stories

32	5	May	1958
32	6	Jun	1958
32	7	Jul	1958
32	8	Aug	1958
32	9	Sep	1958
32	10	Oct	1958
32	11	Nov	1958
32	12	Dec	1958
33	1	Jan	1959
33	2	Feb	1959
33	3	Mar	1959
33	4	Apr	1959
33	5	May	1959
33	6	Jun	1959
33	7	Jul	1959
33	8	Aug	1959
33	9	Sep	1959
33	10	Oct	1959
33	11	Nov	1959
33	12	Dec	1959
34	1	Jan	1960
34	2	Feb	1960
34	3	Mar	1960
34	4	Apr	1960
34	5	May	1960
34	6	Jun	1960
34	7	Jul	1960
34	8	Aug	1960
34	9	Sep	1960

Amazing Stories, Fact and Science Fiction

34	10	Oct	1960
34	11	Nov	1960
34	12	Dec	1960
35	1	Jan	1961
35	2	Feb	1961
35	3	Mar	1961
35	4	Apr	1961
35	5	May	1961
35	6	Jun	1961
35	7	Jul	1961
35	8	Aug	1961
35	9	Sep	1961
35	10	Oct	1961
35	11	Nov	1961
35	12	Dec	1961
36	1	Jan	1962
36	2	Feb	1962
36	3	Mar	1962
36	4	Apr	1962
36	5	May	1962
36	6	Jun	1962
36	7	Jul	1962
36	8	Aug	1962
36	9	Sep	1962
36	10	Oct	1962
36	11	Nov	1962
36	12	Dec	1962
37	1	Jan	1963
37	2	Feb	1963
37	3	Mar	1963
37	4	Apr	1963
37	5	May	1963
37	6	Jun	1963
37	7	Jul	1963
37	8	Aug	1963
37	9	Sep	1963
37	10	Oct	1963
37	11	Nov	1963
37	12	Dec	1963
38	1	Jan	1964
38	2	Feb	1964
38	3	Mar	1964
38	4	Apr	1964
38	5	May	1964
38	6	Jun	1964
38	7	Jul	1964
38	8	Aug	1964
38	9	Sep	1964
38	10	Oct	1964
38	11	Nov	1964
38	12	Dec	1964
39	1	Jan	1965
39	2	Feb	1965
39	3	Mar	1965
39	4	Apr	1965
39	5	May	1965
39	6	Jun	1965

Amazing Stories

40	1	Aug	1965
40	2	Oct	1965
40	3	Dec	1965
40	4	Feb	1966
40	5	Apr	1966
40	6	Jun	1966
40	7	Aug	1966
40	8	Oct	1966
40	9	Dec	1966

40	10	Feb	1967
41	1	Apr	1967
41	2	Jun	1967
41	3	Aug	1967
41	4	Oct	1967
41	5	Dec	1967
41	6	Feb	1968
42	1	Apr	1968

(Dated June on cover and spine)

42	2	Jul	1968
42	3	Sep	1968
42	4	Nov	1968
42	5	Jan	1969
42	6	Mar	1969
43	1	May	1969
43	2	Jul	1969
43	3	Sep	1969
43	4	Nov	1969
43	5	Jan	1970
43	6	Mar	1970
44	1	May	1970
44	2	Jul	1970
44	3	Sep	1970
44	4	Nov	1970
44	5	Jan	1971
44	6	Mar	1971
45	1	May	1971
45	2	Jul	1971
45	3	Sep	1971
45	4	Nov	1971
45	5	Jan	1972
45	6	Mar	1972
46	1	May	1972
46	2	Jul	1972
46	3	Sep	1972
46	4	Nov	1972
46	5	Jan	1973
46	6	Mar	1973
47	1	Jun	1973
47	2	Aug	1973
47	3	Oct	1973
47	4	Dec	1973
47	5	Feb	1974
47	6	Apr	1974
48	1	Jun	1974
48	2	Aug	1974
48	3	Oct	1974
48	4	Dec	1974
48	5	Mar	1975
48	6	May	1975
49	1	Jul	1975
49	2	Sep	1975
49	3	Nov	1975
49	4	Jan	1976
49	5	Mar	1976
50	1	Jun	1976

(50th Anniversary Issue)

50	2	Sep	1976
50	3	Dec	1976
50	4	Mar	1977
50	5	Jul	1977
51	1	Oct	1977
51	2	Jan	1978
51	3	May	1978
51	4	Aug	1978
52	1	Nov	1978
52	2	Feb	1979
52	3	May	1979
52	4	Aug	1979

(Assumed volume number of Fantastic in November, 1979, probably due to paste up error.)

27	5	Nov	1979
27	6	Feb	1980
27	7	May	1980
27	8	Aug	1980
27	9	Nov	1980
27	10	Jan	1981
27	11	Mar	1981
27	12	May	1981
28	1	Jul	1981
28	2	Sep	1981
28	3	Nov	1981
28	4	Jan	1982
28	5	Mar	1982
28	6	Jun	1982
28	7	Sep	1982
28	8	Nov	1982

AMAZING STORIES ANNUAL. V. 1. 1927.
New York, Experimenter Publishing Co., Inc.

    Editor: Hugo Gernsback.
    Code: AMA
    Indexed in: Day, SFBRI

Issue Checklist:

Amazing Stories Annual
1   1927

AMAZING STORIES QUARTERLY. V. 1-7 No. 2.
    winter 1928-fall 1934.
Dunellan, N. J.: Teck Publications, Inc.

    Editor: win. 1928-win. 1929, Hugo Gernsback; spr. 1929-sum. 1929, Arthur H. Lynch; fall 1929-fall 1934, T. O'Coner Sloane.
    Publisher Varies: win. 1928-spr. 1929, Experimenter Publishing Co.; sum. 1929-win. 1930, Experimenter Publications, Inc.; fall 1930-sum. 1931, Radio-Science Publications, Inc.; fall 1931, spring/summer 1932, Teck Publishing Corp.; fall/winter 1932-fall 1934, Teck Publications, Inc.
    Code: AMQ
    Indexed in: Day, SFBRI.

Issue Checklist:

Amazing Stories Quarterly

1	1	win	1928
1	2	spr	1928
1	3	sum	1928
1	4	fal	1928
2	1	win	1929
2	2	spr	1929
2	3	sum	1929
2	4	fal	1929
3	1	win	1930
3	2	spr	1930
3	3	sum	1930
3	4	fal	1930
4	1	win	1931

(Dated winter 1930 on cover and spine)

4	2	spr	1931
4	3	sum	1931
4	4	fal	1931
5	1	win	1932
5	2	spr/sum	1932
5	3	fal/win	1932
6	4	spr/sum	1933
7	1	win	1933
7	2	fal	1934

AMAZING STORIES QUARTERLY REISSUE. win. 1941-win. 1951.
New York, Ziff-Davis Publishing Co.

    Editor: Raymond A. Palmer.
    Note: A reissue of unsold issues of <u>Amazing Stories</u>, with three issues bound into a new cover. For example, vol. 1, No. 1, fall, 1940, contained <u>Amazing Stories</u> March 1940, April 1940, and <u>June 1940.</u>
    Code: AMR
    Indexed in:

Issue Checklist:

Amazing Stories Quarterly Reissue

1	1	fal	1940
1	2	spr	1941
1	3	sum	1941
1	4	fal	1941
2	1	win	1941
2	2	spr	1942
2	3	sum	1942
2	4	fal	1942
3	1	win	1942
3	2	spr	1943
3	3	sum	1943
3	4	fal	1943
4	1	win	1943
		win	1947
		spr	1948
		sum	1948
		fal	1948
		spr	1949
		fal	1949
		win	1949
		spr	1950
		sum	1950
		fal	1950
		win	1950
		spr	1951
		sum	1951
		fal	1951
		win	1951

ANALOG SCIENCE FICTION SCIENCE FACT. v. 1- Jan. 1930-
New York, Davis Publications, Inc.

    Editor: Jan. 1930-Mar. 1933, Harry Bates; Oct. 1933-Sep. 1937, Frederick Orlin Tremaine; Oct. 1937-July 1971, John Wood Campbell Jr.; Jan. 1972-Nov. 1978, Ben Bova; Dec. 1978- , Stanley Schmidt.
    Publisher varies: Jan.-Nov. 1930, Publisher's Fiscal Group; Dec. 1930-May 1931, Reader's Guild, Inc.; Jun. 1931-Mar. 1933, Clayton Magazines, Inc.; Oct. 1933-Jan. 1962, Street and Smith Publications, Inc.; Feb. 1962-Aug. 1980, Conde Nast Publications, Inc.; Sep. 1980- , Davis Publications, Inc.
    Note: Early editors were not given masthead credit, so exact points of change are difficult to determine. Clearly, Campbell took over editorship prior to Jan. 1938, since that issue carries a letter addressed to him as editor.
    Publication suspended: Apr.-Sep. 1933.
    Code: ASF
    Indexed in: Day, Strauss, Metcalf, ASFA, SFBRI, NESFA, TWACI, Asnley.

Issue Checklist:

Astounding Stories of Super Science

1	1	Jan	1930
1	2	Feb	1930
1	3	Mar	1930
2	1	Apr	1930
2	2	May	1930
2	3	Jun	1930
3	1	Jul	1930
3	2	Aug	1930
3	3	Sep	1930
4	1	Oct	1930
4	2	Nov	1930
4	3	Dec	1930

(Numbered V. 9 on contents page.)

5	1	Jan	1931

Astounding Stories

5	2	Feb	1931
5	3	Mar	1931
6	1	Apr	1931
6	2	May	1931
6	3	Jun	1931
7	1	Jul	1931
7	2	Aug	1931
7	3	Sep	1931
8	1	Oct	1931
8	2	Nov	1931
8	3	Dec	1931
9	1	Jan	1932
9	2	Feb	1932
9	3	Mar	1932
10	1	Apr	1932
10	2	May	1932
10	3	Jun	1932
11	1	Sep	1932
11	2	Nov	1932

Astounding Stories of Super Science

11	3	Jan	1933
12	1	Mar	1933

Astounding Stories

12	2	Oct	1933
12	3	Nov	1933
12	4	Dec	1933
12	5	Jan	1934
12	6	Feb	1934
13	1	Mar	1934
13	2	Apr	1934
13	3	May	1934
13	4	Jun	1934
13	5	Jul	1934
13	6	Aug	1934
14	1	Sep	1934
14	2	Oct	1934
14	3	Nov	1934
14	4	Dec	1934
14	5	Jan	1935
14	6	Feb	1935
15	1	Mar	1935
15	2	Apr	1935
15	3	May	1935
15	4	Jun	1935
15	5	Jul	1935
15	6	Aug	1935
16	1	Sep	1935
16	2	Oct	1935
16	3	Nov	1935
16	4	Dec	1935
16	5	Jan	1936
16	6	Feb	1936
17	1	Mar	1936
17	2	Apr	1936
17	3	May	1936
17	4	Jun	1936
17	5	Jul	1936
17	6	Aug	1936

Vol	No	Month	Year
18	1	Sep	1936
18	2	Oct	1936
18	3	Nov	1936
18	4	Dec	1936
18	5	Jan	1937
18	6	Feb	1937
19	1	Mar	1937
19	2	Apr	1937
19	3	May	1937
19	4	Jun	1937
19	5	Jul	1937
19	6	Aug	1937
20	1	Sep	1937
20	2	Oct	1937
20	3	Nov	1937
20	4	Dec	1937
20	5	Jan	1938
20	6	Feb	1938

Astounding Science Fiction

Vol	No	Month	Year
21	1	Mar	1938
21	2	Apr	1938
21	3	May	1938
21	4	Jun	1938
21	5	Jul	1938
21	6	Aug	1938
22	1	Sep	1938
22	2	Oct	1938
22	3	Nov	1938
22	4	Dec	1938
22	5	Jan	1939
22	6	Feb	1939
23	1	Mar	1939
23	2	Apr	1939
23	3	May	1939
23	4	Jun	1939
23	5	Jul	1939
23	6	Aug	1939
24	1	Sep	1939
24	2	Oct	1939
24	3	Nov	1939
24	4	Dec	1939
24	5	Jan	1940
24	6	Feb	1940
25	1	Mar	1940
25	2	Apr	1940
25	3	May	1940
25	4	Jun	1940
25	5	Jul	1940
25	6	Aug	1940
26	1	Sep	1940
26	2	Oct	1940
26	3	Nov	1940
26	4	Dec	1940
26	5	Jan	1941
26	6	Feb	1941
27	1	Mar	1941
27	2	Apr	1941
27	3	May	1941
27	4	Jun	1941
27	5	Jul	1941
27	6	Aug	1941
28	1	Sep	1941
28	2	Oct	1941
28	3	Nov	1941
28	4	Dec	1941
28	5	Jan	1942
28	6	Feb	1942
29	1	Mar	1942
29	2	Apr	1942
29	3	May	1942
29	4	Jun	1942
29	5	Jul	1942
29	6	Aug	1942
30	1	Sep	1942
30	2	Oct	1942
30	3	Nov	1942
30	4	Dec	1942
30	5	Jan	1943
30	6	Feb	1943
31	1	Mar	1943
31	2	Apr	1943
31	3	May	1943
31	4	Jun	1943
31	5	Jul	1943
31	6	Aug	1943
32	1	Sep	1943
32	2	Oct	1943
32	3	Nov	1943
32	4	Dec	1943
32	5	Jan	1944
32	6	Feb	1944
33	1	Mar	1944
33	2	Apr	1944
33	3	May	1944
33	4	Jun	1944
33	5	Jul	1944
33	6	Aug	1944
34	1	Sep	1944
34	2	Oct	1944
34	3	Nov	1944
34	4	Dec	1944
34	5	Jan	1945
34	6	Feb	1945
35	1	Mar	1945
35	2	Apr	1945
35	3	May	1945
35	4	Jun	1945
35	5	Jul	1945
35	6	Aug	1945
36	1	Sep	1945
36	2	Oct	1945
36	3	Nov	1945
36	5	Dec	1945

(Numbering error-actually v. 36 No. 4.)

Vol	No	Month	Year
36	5	Jan	1946
36	6	Feb	1946
37	1	Mar	1946
37	2	Apr	1946
37	3	May	1946
37	4	Jun	1946
37	5	Jul	1946
37	6	Aug	1946
38	1	Sep	1946
38	2	Oct	1946
38	3	Nov	1946
38	4	Dec	1946
38	5	Jan	1947
38	6	Feb	1947
39	1	Mar	1947
39	2	Apr	1947
39	3	May	1947
39	4	Jun	1947
39	5	Jul	1947
39	6	Aug	1947
40	1	Sep	1947
40	2	Oct	1947
40	3	Nov	1947
40	4	Dec	1947
40	5	Jan	1948
40	6	Feb	1948
50	1	Mar	1948

(Numbering error-actually v. 41 No. 1.)

Vol	No	Month	Year
41	2	Apr	1948
41	3	May	1948
41	4	Jun	1948
41	5	Jul	1948
41	6	Aug	1948
42	1	Sep	1948

ANALOG

Vol	No	Month	Year
42	2	Oct	1948
42	3	Nov	1948
42	4	Dec	1948
42	5	Jan	1949
42	6	Feb	1949
43	1	Mar	1949
43	2	Apr	1949
43	3	May	1949
43	4	Jun	1949
43	5	Jul	1949
43	6	Aug	1949
44	1	Sep	1949
44	2	Oct	1949
44	3	Nov	1949
44	4	Dec	1949
44	5	Jan	1950
44	6	Feb	1950
45	1	Mar	1950
45	2	Apr	1950
45	3	May	1950
45	4	Jun	1950
45	5	Jul	1950
45	6	Aug	1950
46	1	Sep	1950
46	2	Oct	1950
46	3	Nov	1950
46	4	Dec	1950
46	5	Jan	1951
46	6	Feb	1951
47	1	Mar	1951
47	2	Apr	1951
47	3	May	1951
47	4	Jun	1951
47	5	Jul	1951
47	6	Aug	1951
48	1	Sep	1951
48	2	Oct	1951
48	3	Nov	1951
48	4	Dec	1951
48	5	Jan	1952
48	6	Feb	1952
49	1	Mar	1952
49	2	Apr	1952
49	3	May	1952
49	4	Jun	1952
49	5	Jul	1952
49	6	Aug	1952
50	1	Sep	1952
50	2	Oct	1952
50	3	Nov	1952
50	4	Dec	1952
50	5	Jan	1953
50	6	Feb	1953
51	1	Mar	1953
51	2	Apr	1953
51	3	May	1953
51	4	Jun	1953
51	5	Jul	1953
51	6	Aug	1953
52	1	Sep	1953
52	2	Oct	1953
52	3	Nov	1953
52	4	Dec	1953
52	5	Jan	1954
52	6	Feb	1954
53	1	Mar	1954
53	2	Apr	1954
53	3	May	1954
53	4	Jun	1954
53	5	Jul	1954
53	6	Aug	1954
54	1	Sep	1954
54	2	Oct	1954
54	3	Nov	1954
54	4	Dec	1954
54	5	Jan	1955
54	6	Feb	1955
55	1	Mar	1955
55	2	Apr	1955
55	3	May	1955
55	4	Jun	1955
55	5	Jul	1955
55	6	Aug	1955
56	1	Sep	1955
56	2	Oct	1955
56	3	Nov	1955
56	4	Dec	1955
56	5	Jan	1956
56	6	Feb	1956
57	1	Mar	1956
57	2	Apr	1956
57	3	May	1956
57	4	Jun	1956
57	5	Jul	1956
57	6	Aug	1956
58	1	Sep	1956
58	2	Oct	1956
58	3	Nov	1956
58	4	Dec	1956
58	5	Jan	1957
58	6	Feb	1957
59	1	Mar	1957
59	2	Apr	1957
59	3	May	1957
59	4	Jun	1957
59	5	Jul	1957
59	6	Aug	1957
60	1	Sep	1957
60	2	Oct	1957
60	3	Nov	1957
60	4	Dec	1957
60	5	Jan	1958
60	6	Feb	1958
61	1	Mar	1958
61	2	Apr	1958
61	3	May	1958
61	4	Jun	1958
61	5	Jul	1958
61	6	Aug	1959
62	1	Sep	1958
62	2	Oct	1958
62	3	Nov	1958
62	4	Dec	1958
62	5	Jan	1959
62	6	Feb	1959
63	1	Mar	1959
63	2	Apr	1959
63	3	May	1959
63	4	Jun	1959
63	5	Jul	1959
64	6	Aug	1959

(Numbering error-actually V. 63 No. 6)

Vol	No	Month	Year
64	1	Sep	1959
64	2	Oct	1959
64	3	Nov	1959
64	4	Dec	1959
64	5	Jan	1960

Astounding (Analog) Science Fact and Fiction

Vol	No	Month	Year
64	6	Feb	1960
65	1	Mar	1960
65	2	Apr	1960
65	3	May	1960
65	4	Jun	1960
65	5	Jul	1960
65	6	Aug	1960

Vol	No	Month	Year
66	1	Sep	1960

Analog Science Fact and Fiction

Vol	No	Month	Year
66	2	Oct	1960
66	3	Nov	1960
66	4	Dec	1960
66	5	Jan	1961
66	6	Feb	1961
67	1	Mar	1961
67	2	Apr	1961
67	3	May	1961
67	4	Jun	1961
67	5	Jul	1961
67	6	Aug	1961
68	1	Sep	1961
68	2	Oct	1961
68	3	Nov	1961

Analog Science Fact-Science Fiction

Vol	No	Month	Year
68	4	Dec	1961
68	5	Jan	1962
68	6	Feb	1962
69	1	Mar	1962
69	2	Apr	1962
69	3	May	1962
69	4	Jun	1962
69	5	Jul	1962
69	6	Aug	1962
70	1	Sep	1962
70	2	Oct	1962
70	3	Nov	1962
70	4	Dec	1962
70	5	Jan	1963
70	6	Feb	1963
71	1	Mar	1963
71	2	Apr	1963
71	3	May	1963
71	4	Jun	1963
71	5	Jul	1963
71	6	Aug	1963
72	1	Sep	1963
72	2	Oct	1963
72	3	Nov	1963
72	4	Dec	1963
72	5	Jan	1964
72	6	Feb	1964
73	1	Mar	1964
73	2	Apr	1964
73	3	May	1964
73	4	Jun	1964
73	5	Jul	1964
73	6	Aug	1964
74	1	Sep	1964
74	2	Oct	1964
74	3	Nov	1964
74	4	Dec	1964
74	5	Jan	1965
74	6	Feb	1965
75	1	Mar	1965

Analog Science Fiction Science Fact

Vol	No	Month	Year
75	2	Apr	1965
75	3	May	1965
75	4	Jun	1965
75	5	Jul	1965
75	6	Aug	1965
76	1	Sep	1965
76	2	Oct	1965
76	3	Nov	1965
76	4	Dec	1965
76	5	Jan	1966
76	6	Feb	1966
77	1	Mar	1966
77	2	Apr	1966
77	3	May	1966
77	4	Jun	1966
77	5	Jul	1966
77	6	Aug	1966
78	1	Sep	1966
78	2	Oct	1966
78	3	Nov	1966
78	4	Dec	1966
78	5	Jan	1967
78	6	Feb	1967
79	1	Mar	1967
79	2	Apr	1967
79	3	May	1967
79	4	Jun	1967
79	5	Jul	1967
79	6	Aug	1967
80	1	Sep	1967
80	2	Oct	1967
80	3	Nov	1967
80	4	Dec	1967
80	5	Jan	1968
80	6	Feb	1968
81	1	Mar	1968
81	2	Apr	1968
81	3	May	1968
81	4	Jun	1968
81	5	Jul	1968
81	6	Aug	1968
82	1	Sep	1968
82	2	Oct	1968
82	3	Nov	1968
82	4	Dec	1968
82	5	Jan	1969
82	6	Feb	1969
83	1	Mar	1969
83	2	Apr	1969
83	3	May	1969
83	4	Jun	1969
83	5	Jul	1969
83	6	Aug	1969
84	1	Sep	1969
84	2	Oct	1969
84	3	Nov	1969
84	4	Dec	1969
84	5	Jan	1970
84	6	Feb	1970
85	1	Mar	1970
85	2	Apr	1970
85	3	May	1970
85	4	Jun	1970
85	5	Jul	1970
85	6	Aug	1970
86	1	Sep	1970
86	2	Oct	1970
86	3	Nov	1970
86	4	Dec	1970
86	5	Jan	1971
86	6	Feb	1971
87	1	Mar	1971
87	2	Apr	1971
87	3	May	1971
87	4	Jun	1971
87	5	Jul	1971
87	6	Aug	1971
88	1	Sep	1971
88	2	Oct	1971
88	3	Nov	1971
88	4	Dec	1971
88	5	Jan	1972
88	6	Feb	1972
89	1	Mar	1972
89	2	Apr	1972
89	4	May	1972

(Numbering error-actually V. 89 No. 3)

Vol	No	Month	Year
89	4	Jun	1972
89	5	Jul	1972
89	6	Aug	1972

ANALOG

90	1	Sep	1972
90	2	Oct	1972
90	3	Nov	1972
90	4	Dec	1972
90	5	Jan	1973
90	6	Feb	1973
91	1	Mar	1973
92	2	Apr	1973

(Numbering error - actually V. 91 No. 2)

93	3	May	1973

(Numbering error - actually V. 91 No. 3)

91	4	Jun	1973
91	5	Jul	1973
91	6	Aug	1973
92	1	Sep	1973
92	2	Oct	1973
92	3	Nov	1973
92	4	Dec	1973
92	5	Jan	1974
92	6	Feb	1974
93	1	Mar	1974
93	2	Apr	1974
93	3	May	1974
93	4	Jun	1974
93	5	Jul	1974
93	6	Aug	1974
94	1	Sep	1974
94	2	Oct	1974
94	3	Nov	1974
94	4	Dec	1974
94	5	Jan	1975

(Numbering error - actually v. 95 No. 1)

95	2	Feb	1975
95	3	Mar	1975
95	4	Apr	1975
95	5	May	1975
95	6	Jun	1975
95	7	Jul	1975
95	8	Aug	1975
95	9	Sep	1975
95	10	Oct	1975
95	11	Nov	1975
95	12	Dec	1975
96	1	Jan	1976
96	2	Feb	1976
96	3	Mar	1976
96	4	Apr	1976
96	5	May	1976
96	6	Jun	1976
96	7	Jul	1976
96	8	Aug	1976
96	9	Sep	1976
96	10	Oct	1976
96	11	Nov	1976
96	12	Dec	1976
97	1	Jan	1977
97	2	Feb	1977
97	3	Mar	1977
97	4	Apr	1977
97	5	May	1977
97	6	Jun	1977
97	7	Jul	1977
97	8	Aug	1977
97	9	Sep	1977
97	10	Oct	1977
97	11	Nov	1977
97	12	Dec	1977
98	1	Jan	1978
98	2	Feb	1978
98	3	Mar	1978
98	4	Apr	1978
98	5	May	1978
98	6	Jun	1978
98	7	Jul	1978
98	8	Aug	1978
98	9	Sep	1978
98	10	Oct	1978
98	11	Nov	1978
98	12	Dec	1978
99	1	Jan	1979
99	2	Feb	1979
99	3	Mar	1979
99	4	Apr	1979
99	5	May	1979
99	6	Jun	1979
99	7	Jul	1979
99	8	Aug	1979
99	9	Sep	1979
99	10	Oct	1979
99	11	Nov	1979
99	12	Dec	1979
100	1	Jan	1980
100	2	Feb	1980
100	3	Mar	1980
100	4	Apr	1980
100	5	May	1980
100	6	Jun	1980
100	7	Jul	1980
100	8	Aug	1980
100	9	Sep	1980
100	10	Oct	1980
100	11	Nov	1980
100	12	Dec	1980
101	1	Jan 5	1981
101	2	Feb 2	1981
101	3	Mar 2	1981
101	4	Mar 30	1981
101	5	Apr 27	1981
101	6	May 25	1981
101	7	Jun 22	1981
101	8	Jul 20	1981
101	9	Aug 17	1981
101	10	Sep 14	1981
101	11	Oct 12	1981
101	12	Nov 9	1981
101	13	Dec 7	1981
102	1	Jan 4	1982
102	2	Feb 1	1982
102	3	Mar 1	1982
102	4	Mar 29	1982
102	5	May	1982
102	6	Jun	1982
102	7	Jul	1982
102	8	Aug	1982
102	9	Sep	1982
102	10	mid-Sep	1982
102	11	Oct	1982
102	12	Nov	1982
102	13	Dec	1982

ARGOSY SPECIAL: SCIENCE FICTION, AN. No. (1). 1977.
New York, Popular Publications.

    Editor: Lou Sahadi.
    Indexed in: TWACI.
    Note: Not seen. Data supplied by Kenneth R. Johnson.

Issue Checklist:

(1)   1977

ASIMOV'S SF ADVENTURE MAGAZINE. v. 1 No. 1-4.
fall 1978-fall 1979.
New York, Davis Publications, Inc., 1978-1979.

    Editor: 1978-1979, George H. Scithers.
    Code: ASFA
    Indexed in: NESFA, SFBRI, TWACI.

Issue Checklist:

1	1	fal	1978
1	2	spr	1979
1	3	sum	1979
1	4	fal	1979

ASTONISHING STORIES. V. 1-4. Feb. 1940-Apr. 1943.
Chicago, Fictioneers, Inc.

    Editor: Feb. 1940-Sep. 1941, (Frederik Pohl); Nov. 1941-Apr. 1943, Alden H. Norton.
    Code: AST
    Indexed in: Day, SFBRI.

Issue Checklist:

Astonishing Stories

1	1	Feb	1940
1	2	Apr	1940
1	3	Jun	1940
1	4	Aug	1940
2	1	Oct	1940
2	2	Dec	1940
2	3	Feb	1941
2	4	Apr	1941
3	1	Sep	1941
3	2	Nov	1941
3	3	Mar	1942
3	4	Jun	1942
4	1	Oct	1942
4	2	Dec	1942
4	3	Feb	1943
4	4	Apr	1943

ASTOUNDING SF. No. 1-2. 1970.
Flushing, New York, Ultimate Publishing Co.

    Editor: Not Identified.
    Code: ASY
    Indexed in: NESFA, SFBRI.

Issue Checklist:

Astounding Stories Yearbook
    1   1970
Astounding SF
    2   fal   1970

ASTOUNDING STORIES
    See: Analog Science Fiction Science Fact

ASTOUNDING STORIES OF SUPER SCIENCE
    See: Analog Science Fiction Science Fact

ASTOUNDING STORIES YEARBOOK
    See: Astounding SF

AUTHENTIC SCIENCE FICTION. No. 1-85. Jan. 1951-Oct. 1957.
London, Hamilton and Co. (Stratford) Ltd.

    Editor: No. 1-2, not identified; No. 3, 1951-Nov. 1952, L. G. Holmes; Sep. 15, 1951-Jan. 1956, H. J. Campbell; Feb. 1956-Oct. 1957, E. C. Tubb.

Note: Tuck's Encyclopedia of Science Fiction and Fantasy, Vol. 3, identifies Holmes as editor of No. 1-2 also.
    Code: AUT
    Indexed in: Strauss, Metcalf, SFBRI, ASFA.

Issue Checklist:

Authentic Science Fiction Series

(1)		(Jan)	(1951)
(2)		(Jan)	(1951)
3		Feb	1951

Science Fiction Fortnightly

4		Feb	1951
5		Mar 1	1951
6		Mar 15	1951
7		Apr 1	1951
8		Apr 15	1951

Science Fiction Monthly

9		May 15	1951
10		Jun 15	1951
11		Jul 15	1951
12		Aug 15	1951

Authentic Science Fiction

	13	Sep 15	1951
	14	Oct 15	1951
	15	Nov 15	1951
	16	Dec 15	1951
	17	Jan 15	1952
	18	Feb 15	1952
	19	Mar 15	1952
	20	Apr 15	1952
	21	May 15	1952
	22	Jun 15	1952
	23	Jul 15	1952
	24	Aug 15	1952
	25	Sep 15	1952
	26	Oct 15	1952
	27	Nov 15	1952
	28	Dec 15	1952
1	29	Jan 15	1953
1	30	Feb 15	1953
1	31	Mar 15	1953
1	32	Apr 15	1953
1	33	May 15	1953
1	34	Jun 15	1953
1	35	Jul 15	1953
1	36	Aug 15	1953
1	37	Sep 15	1953
1	38	Oct 15	1953
1	39	Nov 15	1953
1	40	Dec 15	1953
1	41	Jan 15	1954
1	42	Feb 15	1954
1	43	Mar 15	1954
1	44	Apr 15	1954
1	45	May 15	1954
1	46	Jun 15	1954
1	47	Jul 15	1954
1	48	Aug 15	1954
1	49	Sep 15	1954
1	50	Oct 15	1954
1	51	Nov 15	1954
1	52	Dec 15	1954
	53	Jan 15	1955
	54	Feb 15	1955
	55	Mar 15	1955
	56	Apr 15	1955
	57	May 15	1955
	58	Jun 15	1955
	59	Jul 15	1955
	60	Aug 15	1955
	61	Sep 15	1955

AUTHENTIC SCIENCE FICTION

62	Oct 15	1955
63	Nov 15	1955
64	Dec 15	1955
65	Jan 15	1956
66	Feb 15	1956
67	Mar 15	1956
68	Apr 15	1956
69	May 15	1956
70	Jun 15	1956
71	Jul 15	1956
72	Aug 15	1956
73	Sep 15	1956
74	Nov	1956
75	Dec	1956
76	Jan	1957
77	Feb	1957
78	Mar	1957
79	Apr	1957
80	May	1957
81	Jun	1957
82	Jul	1957
83	Aug	1957
84	Sep	1957
85	Oct	1957

AUTHENTIC SCIENCE FICTION SERIES
  See: Authentic Science Fiction

AVON FANTASY READER. No. 1-18. 1947-1952.
  New York, Avon Novels, Inc.

    Editor: Donald A. Wollheim.
    Publisher varies: No. 1-6, Avon Book Co.; No. 7-9, Avon Publishing Co.; No. 10-18, Avon Novels, Inc.
    Code: AFR.
    Indexed in: Strauss, Metcalf, SFBRI.

  Issue Checklist:

    Avon Fantasy Reader
    1   Feb   1947
    2   1947
    3   1947
    4   1947
    5   1947
    6   1948
    7   1948
    8   1948
    9   1949
    10   1949
    11   1949
    12   1950
    13   1950
    14   1950
    15   1951
    16   1951
    17   1951
    18   1952

AVON SCIENCE FICTION AND FANTASY READER. V. 1 No. 1-2. Jan.-Apr. 1953.
  New York, Stratford Novels, Inc.

    Editor: Sol Cohen.
    Publisher varies: Jan. 1953, Avon Novels, Inc.; Stratford Novels, Inc.
    Code: ASFR.
    Indexed in: Strauss, Metcalf, SFBRI.

  Issue Checklist:
    Avon Science Fiction and Fantasy Reader
    1   1   Jan   1953
    1   2   Apr   1953

AVON SCIENCE FICTION READER. No. 1-3. 1951-1952.
  New York, Avon Novels, Inc..

    Editor: Donald A. Wollheim
    Code: ASR.
    Indexed in: Strauss, Metcalf, SFBRI.

  Issue Checklist:

    Avon Science Fiction Reader
    1   1951
    2   1951
    3   1952

BEYOND. V.1-   fall 1981-
  Hollywood, Calif., Alan Weston Publishing.

    Editor: Judith Sims.
    Code:
    Distributed as a supplement to college newspapers.
    Appears to have been absorbed by Ampersand, Feb. 1983.
    Indexed in: SFBRI.

  Issue Checklist:

    Beyond
    1   fal   1981
    1   win   1982
    1   spr   1982
    2   1   Oct   1982

BEYOND FANTASY FICTION
  See: Beyond Fiction

BEYOND FICTION. V. 1-2 No. 4. Jul. 1953-1955.
  New York, Galaxy Publishing Corp.

    Editor: Horace L. Gold.
    Code: BFF.
    Indexed in: Strauss, Metcalf, SFBRI.

  Issue Checklist:

    Beyond Fantasy Fiction
    1   1   Jul   1953
    1   2   Sep   1953
    1   3   Nov   1953
    1   4   Jan   1954
    1   5   Mar   1954
    1   6   May   1954
    2   1   Jul   1954
    2   2   Sep   1954
    Beyond Fiction
    2   3   1954
        (Also numbered issue No. 9)
    2   4   1955
        (Also numbered issue No. 10)

BEYOND INFINITY. V. 1 No. 1. Nov./Dec. 1967.
  Hollywood, Calif., I. D. Publications, Inc.

    Editor: Doug Stapleton.
    Code: BDI.
    Indexed in: NESFA, SFBRI.

  Issue Checklist:

    Beyond Infinity
    1   1   Nov/Dec   1967

BIZARRE FANTASY TALES. V. 1 No. 1-2. fall
    1970-Mar. 1971.
  New York, Health Knowledge, Inc.

    Editor: Robert A. W. Lowndes.
    Code: BFT.
    Indexed in: NESFA, SFBRI.

  Issue Checklist:

        Bizarre Fantasy Tales
    1   1   fal   1970
    1   2   Mar   1971

BIZARRE MYSTERY MAGAZINE. V. 1 No. 1-3. Oct. 1965-
    Jan. 1966.
  Concord, N.H., Pamar Enterprises, Inc.

    Editor: John Poe
    Code: BIZ
    Indexed in: Strauss, Metcalf, Cook,
NESFA, SFBRI.

  Issue Checklist:

        Bizarre Mystery Magazine
    1   1   Oct   1965
    1   2   Nov   1965
    1   3   Jan   1966

BOOK OF WEIRD TALES, A. V. 1 No. 1. (1960).
  Burnley, Eng., Veevers and Hensman, Ltd.

    Editor: Cliff Lawton.
    Code: BKW.
    Indexed in: Strauss, Metcalf.

  Issue Checklist:

        Book of Weird Tales
    1   1   (1960)

BORIS KARLOFF STORY DIGEST MAGAZINE V. 1 No. 1.
    June 1970.
  n. p., Western Publishing Co., Inc.

    Editor: Wallace I. Green.
    Indexed in:
    Note: Not seen. Data supplied by
Kenneth R. Johnson.

  Issue Checklist:

    1   1   Jun   1970.

BRITISH SCIENCE FICTION MAGAZINE
    See: British Space Fiction Magazine

BRITISH SPACE FICTION MAGAZINE. V. 1-2 No. 7.
    Jan. 1954-1956.
  Luton, England, Dragon Publications, Ltd.

    Editor: Vargo Statten (John Russell
Fearn).
    Publisher varies: Jan. 1954-No. 3, 1954,
Scion Ltd.; No. 4-7, Scion Distributors, Ltd.;
No. 8, 1954-1956, Dragon Publications.
    Code: BSP.
    Indexed in: Strauss, SFBRI.

  Issue Checklist:

        Vargo Statten Science Fiction Magazine
    1   1   Jan   1954
    1   2   Feb   1954
    1   3   (1954)
        Vargo Statten British Science Fiction
        Magazine
    1   4   (1954)
    1   5   (1954)
        British Science Fiction Magazine
    1   6   (1954)
    1   7   (1954)
    1   8   (1954)
    1   9   (1955)
    1   10   (1955)
    1   11   (1955)
    1   12   (1955)
        British Space Fiction Magazine
    2   1   (1955)
    2   2   (1955)
    2   3   Aug   (1955)
    2   4   Sep   (1955)
    2   5   Oct   (1955)
    2   6   (1955)
    2   7   (1956)

CAPTAIN FUTURE. V. 1-6 No. 2. win. 1940-spr. 1944.
  New York, Better Publications.

    Editor: Not identified. (Nicholl's
Science Fiction Encyclopedia identifies the
editors as: 1940-1941, Leo Marguiles and
Mort Weisinger; 1941-1944, Leo Marguiles and
Oscar J. Friend. Tuck's Encyclopedia of
Science Fiction and Fantasy, Vol. 3,
identifies Oscar J. Friend as editor and Leo
Marguiles as Editorial Director.)
    Code: CAF.
    Indexed in: Day, SFBRI.

  Issue Checklist:

        Captain Future
    1   1   win   1940
    1   2   spr   1940
    1   3   sum   1940
    2   1   fal   1940
    2   2   win   1941
    2   3   spr   1941
    3   1   sum   1941
    3   2   fal   1941
    3   3   win   1942
    4   1   spr   1942
    4   2   sum   1942
    4   3   fal   1942
    5   1   win   1943
    5   2   spr   1943
    5   3   sum   1943
    6   1   win   1944
    6   2   spr   1944

CHILLERS. V. 1 No. 1-3. July-Nov. 1981.
  Derby, CT., Charlton Publications, Inc.

    Editor: Roger Elwood.
    Note: Contains one fourth to one half
fiction. (K. J.)
    Note: Not seen. Data supplied by
Kenneth R. Johnson.

    Indexed in: TWACI.

  Issue Checklist:

    1   1   Jul   1981
    1   2   Sep   1981
    1   3   Nov   1981

COMET. V. 1 No. 1-5. Dec. 1940-Jul. 1941.
Springfield, Mass., H-K Publications, Inc..

    Editor: F. Orlin Tremaine.
    Note: Subtitled Comet Stories of Super Time and Space on covers of no. 1-4.
    Code: COM.
    Indexed in: Day, SFBRI.

Issue Checklist:

    Comet
1	1	Dec	1940
1	2	Jan	1941
1	3	Mar	1941
1	4	May	1941
1	5	Jul	1941

COSMIC SCIENCE STORIES
London, Popular Press, Ltd.

    Note: The only known issue carries the number II (roman 2) or 11 (eleven) on spine.
    Note: Tuck's Encyclopedia of Science Fiction and Fantasy, Vol. 3, identifies this as a reprint of the Sep. 1949 Super Science Stories.)
    Indexed in: ASFA

Issue Checklist:

    Cosmic Science Stories
    1?   1950?

COSMIC STORIES. V. 1 No. 1-3. Mar.-Jul. 1941.
Holyoke, Mass., Albing Publications.

    Editor: Donald A. Wollheim.
    Note: No. 2 and 3 titled Cosmic Science Fiction on cover.
    Code: COSM.
    Indexed in: Day, SFBRI.

Issue Checklist:

    Cosmic Stories
1	1	Mar	1941
1	2	May	1941
1	3	Jul	1941

COSMOS SCIENCE FICTION AND FANTASY MAGAZINE. V. 1 No. 1-4. Sep. 1953-Jul. 1954.
New York, Star Publications (J. A. Kramer).

    Editor: L. B. Cole.
    Code: COS.
    Indexed in: Strauss, Metcalf, SFBRI.

Issue Checklist:

    Cosmos Science Fiction And Fantasy Magazine
1	1	Sep	1953
1	2	Nov	1953
1	3	Mar	1954
	4	Jul	1954

COSMOS SCIENCE FICTION AND FANTASY MAGAZINE. V. 1 No. 1-4. May-Nov. 1977.
New York, Baronet Publishing Co.

    Editor: David G. Hartwell.
    Code: COS.
    Indexed in: NESFA, SFBRI, TWACI.

Issue Checklist:

    Cosmos Science Fiction and Fantasy Magazine
1	1	May	1977
1	2	Jul	1977
1	3	Sep	1977
1	4	Nov	1977

DARK SHADOWS STORY DIGEST MAGAZINE. V. 1 No. 1. June 1970.
n. p., Western Publishing Co., Inc.

    Editor: Wallace I. Green.
    Indexed in:
    Note: Not seen. Data supplied by Kenneth R. Johnson.

Issue Checklist:

1	1	Jun	1970.

DESTINIES. V. 1-3 No. 2. Nov/Dec. 1978-Aug. 1981.
New York: Ace Books, Inc.

    Editor: James Patrick Baen.
    Note: Subtitled "The Paperback Magazine of Science Fiction and Speculative Fact."
    Indexed in: NESFA, TWACI, SFBRI.

Issue Checklist:

    Destinies
1	1	Nov/Dec	1978
1	2	Jan/Feb	1979
1	3	Apr/Jun	1979
1	4	Aug/Sep	1979
1	5	Oct/Dec	1979
2	1	Feb/Mar	1980
2	2	spr	1980
2	3	sum	1980
2	4	fal	1980
3	1	win	1981

(Listed as "spring" on contents page)
3	2	Aug	1981

DOCTOR DEATH. V. 1 No. 1-3. Feb.-Apr. 1935.

    Editor: Carson W. Mowre.
    Note: Tuck's Encyclopedia of Science Fiction and Fantasy, Vol. 3, identifies Arthur Ward as the probable editor.
    Indexed in: Bronze Shadows No. 5.
    Note: Not seen. Data supplied by Kenneth R. Johnson.

Issue Checklist:

    Doctor Death
1	1	Feb	1935
1	2	Mar	1935
1	3	Apr	1935

DREAM WORLD. V. 1 No. 1-3. Feb.-Aug. 1957.
Chicago, Ziff-Davis Publishing Co.

    Editor: Paul W. Fairman.
    Code: DWD.
    Indexed in: Strauss, Metcalf, SFBRI.

Issue Checklist:

Dream World
1	1	Feb	1957
1	2	May	1957
1	3	Aug	1957

DUSTY AYRES AND HIS BATTLE BIRDS. V. 5 No. 4-V. 8 No. 3. July 1934-July/Aug. 1935.
Chicago, Popular Publications, Inc.

    Editor: Not identified.
    Indexed in: Nemesis Incorporated No. 13.
    Note: Not seen. Data supplied by Kenneth R. Johnson.

Issue Checklist:

Dusty Ayres and His Battle Birds
(Numbering continued from Battle Birds)
5	4	Jul	1934
6	1	Aug	1934
6	2	Sep	1934
6	3	Oct	1934
6	4	Nov	1934
7	1	Dec	1934
7	2	Jan	1935
7	2	Feb	1935
7	3	Mar	1935
7	4	Apr	1935
8	1	May/Jun	1935
8	2	Jul/Aug	1935

DYNAMIC SCIENCE FICTION. V. 1 No. 1-6. Dec. 1952-Jan. 1954.
Holyoke, Mass., Columbia Publications, Inc.

    Editor: Robert A. W. Lowdnes.
    Code: DSF.
    Indexed in: Strauss, Metcalf, SFBRI.

Issue Checklist:

Dynamic Science Fiction
1	1	Dec	1952
1	2	Mar	1953
1	3	Jun	1953
1	4	Aug	1953
1	5	Oct	1953
1	6	Jan	1954

DYNAMIC SCIENCE STORIES. V. 1 No. 1-2. Feb.-May 1939.
Chicago, Ill., Western Fiction Publishing Co.

    Editor: Not identified in issues.
(Nicholl's Science Fiction Encyclopedia identifies R.O. Erisman as the editor.)
    Code: DSS.
    Indexed in: Day, SFBRI.

Issue Checklist:

Dynamic Science Stories
1	1	Feb	1939
1	2	Apr/May	1939

ETERNITY SCIENCE FICTION. V. 1 No. 1-4. 1972-1975.
Sandy Springs, S.C., Stephen Gregg.

    Editor: Stephen Gregg.
    Code: ETR.
    Indexed in: SFBRI, NESFA.

Issue Checklist:

Eternity Science Fiction
1	1	Jul	1972
1	2		1973
1	3	May	1974
1	4	Feb	1975

ETERNITY SCIENCE FICTION. V. 1 No. 1- . 1979-
Clemson, S.C., Eternity Science Fiction.

    Editor: Stephen Gregg, Henry L. Vogel, II
    Code: ETR
    Indexed in: SFBRI.

Issue Checklist:

Eternity Science Fiction
1	1		1979
1	2		1980

EXTRO SCIENCE FICTION. V. 1 No. 1-3. 1982-
Belfast, Ireland, Specific Publicaitions.

    Editor: Paul Manning.
    Code:
    Indexed in:

Issue Checklist:

Extro Science Fiction
1	1	Feb/Mar	1982
1	2	Apr/May	1982
1	3		1982

FAMOUS FANTASTIC MYSTERIES. V. 1-14 No. 4. Sep. 1939-Jun. 1953.
Kokomo, IN, Popular Publications.

    Editor: 1939-Oct. 1951, not identified in issues; Dec. 1951-Jun. 1953, Mary Gnaedinger.
    Note: Mary Gnaedinger is identified as the "Letter Editor" form June 1949-Oct. 1951. Nicholl's Science Fiction Encyclopedia identifies Gnaedinger as the editor for all issues, as does Tuck in his Encyclopedia of Science Fiction and Fantasy, Vol. 3.
    Publisher varies: Sep. 1939-Dec. 1942, Frank A. Munsey; Mar. 1943-July 1951, All-Fiction Field, Inc.; Oct. 1951-Jun. 1953, Popular Publications.
    Code: FFM.
    Indexed in: Day, Strauss, Metcalf, SFBRI.

Issue Checklist:

Famous Fantastic Mysteries
1	1	Sep/Oct	1939
1	2	Nov	1939
1	3	Dec	1939
1	4	Jan	1940
1	5	Feb	1940
1	6	Mar	1940
2	1	Apr	1940
2	2	May/Jun	1940
2	3	Aug	1940
2	4	Oct	1940
2	5	Dec	1940
2	6	Feb	1941
3	1	Apr	1941

FAMOUS FANTASTIC MYSTERIES

Vol	No	Month	Year
3	2	Jun	1941
3	3	Aug	1941
3	4	Oct	1941
3	5	Dec	1941
3	6	Feb	1942
4	1	Apr	1942
4	2	Jun	1942
4	3	Jul	1942
4	4	Aug	1942
4	5	Sep	1942
4	6	Oct	1942
5	1	Nov	1942
5	2	Dec	1942
5	3	Mar	1943
5	4	Sep	1943
5	5	Dec	1943
5	6	Mar	1944
6	1	Jun	1944
6	2	Sep	1944
6	3	Dec	1944
6	4	Mar	1945
6	5	Jun	1945
6	6	Sep	1945
7	1	Dec	1945
7	2	Feb	1946
7	3	Apr	1946
7	4	Jun	1946
7	5	Aug	1946
8	1	Oct	1946
8	2	Dec	1946
8	3	Feb	1947
8	4	Apr	1947
8	5	Jun	1947
8	6	Aug	1947
9	1	Oct	1947
9	2	Dec	1947
9	3	Feb	1948
9	4	Apr	1948
9	5	Jun	1948
9	6	Aug	1948
10	1	Oct	1948
10	2	Dec	1948
10	3	Feb	1949
10	4	Apr	1949
10	5	Jun	1949
10	6	Aug	1949
11	1	Oct	1949
11	2	Dec	1949
11	3	Feb	1950
11	4	Apr	1950
11	5	Jun	1950
11	6	Aug	1950
12	1	Oct	1950
12	2	Jan	1951
12	3	Mar	1951
12	4	May	1951
12	5	Jul	1951
12	6	Oct	1951
13	1	Dec	1951
13	2	Feb	1952
13	3	Apr	1952
13	4	Jun	1952
13	5	Aug	1952
13	6	Oct	1952
14	1	Dec	1952
14	2	Feb	1953
14	3	Apr	1953

(Dated Apr. 1943 on title page)

| 14 | 4 | Jun | 1953 |

FAMOUS SCIENCE FICTION. V. 1-2 No. 3. win. 1966-spr. 1969.
New York, Health Knowledge, Inc.

Editor: Robert A. W. Lowndes.
Code: FMF.
Indexed in: NESFA, SFBRI.

Issue Checklist:

Famous Science Fiction
1	1	win	1966/1967
1	2	spr	1967
1	3	sum	1967
1	4	fal	1967
1	5	win	1967/1968
1	6	spr	1968
2	1	sum	1968
2	2	fal	1968
2	3	spr	1969

FANCIFUL TALES OF TIME AND SPACE. V. 1 No. 1. fal 1936.
Oakman, Ala., Shepherd and Wollheim.

Editor: Donald A. Wollheim.
Code: FIT.
Indexed in: SFBRI.

Issue Checklist:

Fanciful Tales of Time and Space
| 1 | 1 | fal | 1936 |

FANTASTIC
See: Fantastic Stories

FANTASTIC ADVENTURES. V. 1-15 No. 3. May 1939-Mar. 1953.
Chicago, Ziff-Davis Publishing Co, Inc.

Editor: May 1939-Jan. 1947, B. G. Davis; Mar. 1947-Dec. 1949, Raymond A. Palmer; Jan. 1950-Mar. 1953, Howard Browne.
Code: FAD.
Indexed in: Day, Strauss, Metcalf, SFBRI.

Issue Checklist:

Fantastic Adventures
1	1	May	1939
1	2	Jul	1939
1	3	Sep	1939
1	4	Nov	1939
2	1	Jan	1940
2	2	Feb	1940
2	3	Mar	1940
2	4	Apr	1940
2	5	May	1940
2	6	Jun	1940
2	7	Aug	1940
2	8	Oct	1940
3	1	Jan	1941
3	2	Mar	1941
3	3	May	1941
3	4	Jun	1941
3	5	Jul	1941
3	6	Aug	1941
3	7	Sep	1941
3	8	Oct	1941
3	9	Nov	1941
3	10	Dec	1941
4	1	Jan	1942
4	2	Feb	1942
4	3	Mar	1942
4	4	Apr	1942
4	5	May	1942

FANTASTIC ADVENTURES

4	6	Jun	1942
4	7	Jul	1942
4	8	Aug	1942
4	9	Sep	1942
4	10	Oct	1942
4	11	Nov	1942
4	12	Dec	1942
5	1	Jan	1943
5	2	Feb	1943
5	3	Mar	1943
5	4	Apr	1943
5	5	May	1943
5	6	Jun	1943
5	7	Jul	1943
5	8	Aug	1943
5	9	Oct	1943
5	10	Dec	1943
6	1	Feb	1944
6	2	Apr	1944
6	3	Jun	1944
6	4	Oct	1944
7	1	Jan	1945
7	2	Apr	1945
7	3	Jul	1945
7	4	Oct	1945
7	5	Dec	1945
8	1	Feb	1946
8	2	May	1946
8	3	Jul	1946
8	4	Sep	1946
8	5	Nov	1946
9	1	Jan	1947
9	2	Mar	1947
9	3	May	1947
9	4	Jul	1947
9	5	Sep	1947
9	6	Oct	1947
9	7	Nov	1947
9	8	Dec	1947
10	1	Jan	1948
10	2	Feb	1948
10	3	Mar	1948
10	4	Apr	1948
10	5	May	1948
10	6	Jun	1948
10	7	Jul	1948
10	8	Aug	1948
10	9	Sep	1948
10	10	Oct	1948
10	11	Nov	1948
10	12	Dec	1948
11	1	Jan	1949
11	2	Feb	1949
11	3	Mar	1949
11	4	Apr	1949
11	5	May	1949
11	6	Jun	1949
11	7	Jul	1949
11	8	Aug	1949
11	9	Sep	1949
11	10	Oct	1949
11	11	Nov	1949
11	12	Dec	1949
12	1	Jan	1950
12	2	Feb	1950
12	3	Mar	1950
12	4	Apr	1950
12	5	May	1950
12	6	Jun	1950
12	7	Jul	1950
12	8	Aug	1950
12	9	Sep	1950
12	10	Oct	1950
12	11	Nov	1950
12	12	Dec	1950
13	1	Jan	1951
13	2	Feb	1951
13	3	Mar	1951
13	4	Apr	1951
13	5	May	1951
13	6	Jun	1951
13	7	Jul	1951
13	8	Aug	1951
13	9	Sep	1951
13	10	Oct	1951
13	11	Nov	1951
13	12	Dec	1951
14	1	Jan	1952
14	2	Feb	1952
14	3	Mar	1952
14	4	Apr	1952
14	5	May	1952
14	6	Jun	1952
14	7	Jul	1952
14	8	Aug	1952
14	9	Sep	1952
14	10	Oct	1952
14	11	Nov	1952
14	12	Dec	1952
15	1	Jan	1953
15	2	Feb	1953
15	3	Mar	1953

FANTASTIC ADVENTURES QUARTERLY REISSUE. V. 1 No. 1-V. 9 No. 1. 1941-1951. Chicago, Ziff-Davis Publishing Co.

   Editor: B. G. Davis.
   Volumes 3-5 never published.

Issue Checklist:

   Fantastic Adventures Quarterly Reissue

1	1	win	1941
1	2	spr	1942
1	3	sum	1942
1	4	fal	1942
2	1		1942
2	2		1943
2	3	sum	1943
2	4		1943
6	1		1948
6	2		1948
6	3		1948
7	1	spr	1949
7	2	sum	1949
7	3	fal	1949
7	4	win	1949
8	1		1950
8	2		1950
8	3		1950
8	4		1950
9	1		1951

FANTASTIC ADVENTURES YEARBOOK. 1970. New York, Ultimate Publishing Co.

   Editor: Not Identified.
   Code: FAY.
   Indexed in: NESFA, SFBRI.

Issue Checklist:

   Fantastic Adventures Yearbook
         1970

FANTASTIC NOVELS MAGAZINE. V. 1-5 No. 1. Jul. 1940-Jun. 1951.
Kokomo, IN, New Publications, Inc., an affiliate of Popular Publications.

Editor: Mary Gnaedinger.
Note: Mary Gnaedinger is identified as editor in Nicholl's <u>Science Fiction Encyclopedia</u>. She is not identified in the magazine issues until the May 1949 issue, p. 6.
Publisher varies: Jul. 1940-Apr. 1941, Frank A. Munsey; Mar. 1948-Jun. 1951, New Publications, Inc.
Publication suspended: 1941-1947.
Code: FNM.
Indexed in: Day, Strauss, Metcalf, SFBRI.

Issue Checklist:

Fantastic Novels
1	1	Jul	1940
1	2	Sep	1940
1	3	Nov	1940
1	4	Jan	1941
1	5	Apr	1941
1	6	Mar	1948
2	1	May	1948
2	2	Jul	1948
2	3	Sep	1948
2	4	Nov	1948
2	5	Jan	1949
2	6	Mar	1949
3	1	May	1949
3	2	Jul	1949
3	3	Sep	1949
3	4	Nov	1949
3	5	Jan	1950
3	6	Mar	1950
4	1	May	1950
4	2	Jul	1950
4	3	Sep	1950
4	4	Nov	1950
4	5	Jan	1951
4	6	Apr	1951
5	1	Jun	1951

FANTASTIC SCIENCE FICTION. V. 1 No. 1-2. Aug.-Dec. 1952.
Derby, Conn., Capitol Stories.

Editor: Walter B. Gibson.
Publisher varies: Aug. 1952, Super Fiction Publications; Dec. 1952, Capitol Stories.
Code: FASF.
Indexed in: Strauss, Metcalf, SFBRI.

Issue Checklist:

Fantastic Science Fiction
1	1	Aug	1952
1	2	Dec	1952

FANTASTIC SCIENCE FICTION (1955-1960)
See: Fantastic Stories

FANTASTIC STORIES. V. 1-27 No. 11. sum. 1952-Oct. 1980.
Purchase, NY, Ultimate Publishing Co.

Editor: sum. 1952-Aug. 1956, Howard Browne; Oct. 1956-Nov. 1958, Paul W. Fairman; Dec. 1958-Jun. 1965, Cele Goldsmith (Cele Goldsmith Lalli after Aug. 1964.); Sep. 1965-Nov. 1967, Sol Cohen; Jan. 1968-Oct. 1968, Harry Harrison; Dec. 1968-Feb. 1969, Barry N. Malzberg; Apr. 1969-Dec. 1969, Sol Cohen; Feb. 1970-Jan. 1979, Ted White; Apr. 1979-Oct. 1980, Elinor Mavor.
Note: During the period Apr. 1979-Oct. 1980, the editor was listed as Omar Gohagen, a ficticious name; Elinor Mavor was the actual editor.
Publisher varies: sum. 1952-Jun. 1965, Ziff-Davis Publishing Co.; Sep. 1965-Oct. 1980, Ultimate Publishing Co.
Subtitle varies.
Absorbed by Amazing, Nov. 1980.
Code: FAS.
Indexed in: Strauss, Metcalf, NESFA, SFBRI, TWACI.

Issue Checklist:

Fantastic
1	1	sum	1952
1	2	fal	1952
1	3	Nov/Dec	1952
2	1	Jan/Feb	1953
2	2	Mar/Apr	1953
2	3	May/Jun	1953
2	4	Jul/Aug	1953
2	5	Sep/Oct	1953
2	6	Nov/Dec	1953
3	1	Jan/Feb	1954
3	2	Apr	1954
3	3	Jun	1954
3	4	Aug	1954
3	5	Oct	1954
3	6	Dec	1954
4	1	Feb	1955

Fantastic Science Fiction
4	2	Apr	1955
4	3	Jun	1955
4	4	Aug	1955
4	5	Oct	1955
4	6	Dec	1955
5	1	Feb	1956
5	2	Apr	1956
5	3	Jun	1956
5	4	Aug	1956
5	5	Oct	1956
5	6	Dec	1956
6	1	Feb	1957
6	2	Mar	1957
6	3	Apr	1957
6	4	May	1957
6	5	Jun	1957
6	6	Jul	1957
6	7	Aug	1957
6	8	Sep	1957
6	9	Oct	1957
6	10	Nov	1957
6	11	Dec	1957
7	1	Jan	1958
7	2	Feb	1958
7	3	Mar	1958
7	4	Apr	1958
7	5	May	1958
7	6	Jun	1958
7	7	Jul	1958
7	8	Aug	1958
7	9	Sep	1958
7	10	Oct	1958
7	11	Nov	1958
7	12	Dec	1958

Vol	No	Month	Year
8	1	Jan	1959
8	2	Feb	1959
8	3	Mar	1959
8	4	Apr	1959
8	5	May	1959
8	6	Jun	1959
8	7	Jul	1959
8	8	Aug	1959

Fantastic Science Fiction Stories

Vol	No	Month	Year
8	9	Sep	1959
8	10	Oct	1959
8	11	Nov	1959
8	12	Dec	1959
9	1	Jan	1960
9	2	Feb	1960
9	3	Mar	1960
9	4	Apr	1960
9	5	May	1960
9	6	Jun	1960
9	7	Jul	1960
9	8	Aug	1960
9	9	Sep	1960

Fantastic Stories of Imagination

Vol	No	Month	Year
9	10	Oct	1960
9	11	Nov	1960
9	12	Dec	1960
10	1	Jan	1961
10	2	Feb	1961
10	3	Mar	1961
10	4	Apr	1961
10	5	May	1961
10	6	Jun	1961
10	7	Jul	1961
10	8	Aug	1961
10	9	Sep	1961
10	10	Oct	1961
10	11	Nov	1961
10	12	Dec	1961
11	1	Jan	1962
11	2	Feb	1962
11	3	Mar	1962
11	4	Apr	1962
11	5	May	1962
11	6	Jun	1962
11	7	Jul	1962
11	8	Aug	1962
11	9	Sep	1962
11	10	Oct	1962
11	11	Nov	1962
11	12	Dec	1962
12	1	Jan	1963
12	2	Feb	1963
12	3	Mar	1963
12	4	Apr	1963
12	5	May	1963
12	6	Jun	1963
12	7	Jul	1963
12	8	Aug	1963
12	9	Sep	1963
12	10	Oct	1963
12	11	Nov	1963
12	12	Dec	1963
13	1	Jan	1964

(Numbered V 12 No. 1 on spine)

Vol	No	Month	Year
13	2	Feb	1964

(Numbered V 12 No. 2 on spine)

Vol	No	Month	Year
13	3	Mar	1964
13	4	Apr	1964
13	5	May	1964
13	6	Jun	1964
13	7	Jul	1964
13	8	Aug	1964
13	9	Sep	1964
13	10	Oct	1964
13	11	Nov	1964
13	12	Dec	1964
14	1	Jan	1965
14	2	Feb	1965
14	3	Mar	1965
14	4	Apr	1965
14	5	May	1965
14	6	Jun	1965

Fantastic Stories

Vol	No	Month	Year
15	1	Sep	1965
15	2	Nov	1965
15	3	Jan	1966
15	4	Mar	1966
15	5	May	1966
15	6	Jul	1966
16	1	Sep	1966
16	2	Nov	1966
16	3	Jan	1967
16	4	Mar	1967
16	5	May	1967
16	6	Jul	1967
17	1	Sep	1967
17	2	Nov	1967
17	3	Jan	1968
17	4	Mar	1968
17	5	May	1968
17	6	Aug	1968
18	1	Oct	1968
18	2	Dec	1968
18	3	Feb	1969
18	4	Apr	1969
18	5	Jun	1969
18	6	Aug	1969
19	1	Oct	1969
19	2	Dec	1969
19	3	Feb	1970
19	4	Apr	1970
19	5	Jun	1970
19	6	Aug	1970
20	1	Oct	1970
20	2	Dec	1970
20	3	Feb	1971
20	4	Apr	1971
20	5	Jun	1971
20	6	Aug	1971
21	1	Oct	1971
21	2	Dec	1971
21	3	Feb	1972
21	4	Apr	1972
21	5	Jun	1972
21	6	Aug	1972
22	1	Oct	1972
22	2	Dec	1972
22	3	Feb	1973
22	4	Apr	1973
22	5	Jul	1973
22	6	Sep	1973

Fantastic Science Fiction & Fantasy Stories

Vol	No	Month	Year
23	1	Nov	1973
23	2	Jan	1974
23	3	Mar	1974
23	4	May	1974
23	5	Jul	1974
23	6	Sep	1974
24	1	Nov	1974
24	2	Feb	1975

Fantastic (Sword & Sorcery and Fantasy) Stories

Vol	No	Month	Year
24	3	Apr	1975
24	4	Jun	1975
24	5	Aug	1975
24	6	Oct	1975
25	1	Dec	1975

FANTASTIC SCIENCE FICTION

Fantastic Science Fiction & Fantasy Stories

25	2	Feb	1976
25	3	May	1976
25	4	Aug	1976
25	5	Nov	1976
26	1	Feb	1977
26	2	Jun	1977

Fantastic Stories

26	3	Sep	1977
6	4	Dec	1977

(Numbering error: actually v. 26 No. 4)

27	1	Apr	1978
27	2	Jul	1978
27	3	Oct	1978
27	4	Jan	1979
27	5	Apr	1979
27	6	Jul	1979
27	7	Oct	1979
27	8	Jan	1980
27	9	Apr	1980
27	10	Jul	1980
27	11	Oct	1980

FANTASTIC STORIES OF IMAGINATION
   See: Fantastic Stories

FANTASTIC STORY MAGAZINE. V. 1-8 No. 2. spr. 1950-spr. 1955.
Kokomo, IN., Best Books, Inc.

   Editor: spr. 1950-fal. 1951, not identified; win. 1952-fal.1954, Samuel Mines; win.-spr. 1955, not identified.
   Note: Nicholl's <u>Science Fiction Encyclopedia</u> identifies the editor from 1950-1951 as Sam Merwin, jr., and the editor of winter-spring 1955 as Alexander Samalman.
   Code: FSM.
   Indexed in: Day, Strauss, Metcalf, SFBRI.

Issue Checklist:

Fantastic Story Quarterly

1	1	spr	1950
1	2	sum	1950
1	3	fal	1950
2	1	win	1951

Fantastic Story Magazine

2	2	spr	1951
2	3	sum	1951
3	1	fal	1951
3	2	win	1952
3	3	spr	1952
4	1	sum	1952
4	2	fal	1952

(Cover and spine dated September)

4	3	Nov	1952
5	1	Jan	1953
5	2	Mar	1953
5	3	May	1953
6	1	Jul	1953
6	2	Sep	1953
6	3	win	1954
7	1	spr	1954
7	2	sum	1954
7	3	fal	1954
8	1	win	1955
8	2	spr	1955

FANTASTIC STORY QUARTERLY
   See: Fantastic Story Magazine

FANTASTIC UNIVERSE SCIENCE FICTION. V. 1-12 No. 5. Jun. 1953-Mar. 1960.
New York, Great American Publications, Inc.

   Editor: Jun.-Nov. 1953, Sam Merwin Jr.; Jan.-Mar. 1954, Beatrice Jones; May 1954-Aug. 1956, Leo Margulies; Sep. 1956-Mar. 1960, Hans Stefan Santesson.
   Publisher varies: 1953-Sep. 1959, King-Size Publication, Inc.; Oct. 1959-Mar. 1960, Great American Publications, Inc.
   Code: FAU.
   Indexed in: Strauss, Metcalf, SFBRI.

Issue Checklist:

Fantastic Universe Science Fiction

1	1	Jun/Jul	1953
1	2	Aug/Sep	1953
1	3	Oct/Nov	1953
1	4	Jan	1954
1	5	Mar	1954
1	6	May	1954
2	1	Jul	1954
2	2	Sep	1954
2	3	Oct	1954
2	4	Nov	1954
2	5	Dec	1954
2	6	Jan	1955
3	1	Feb	1955
3	2	Mar	1955
3	3	Apr	1955
3	4	May	1955
3	5	Jun	1955
3	6	Jul	1955
4	1	Aug	1955
4	2	Sep	1955
4	3	Oct	1955
4	4	Nov	1955
4	5	Dec	1955
4	6	Jan	1956
5	1	Feb	1956
5	2	Mar	1956
5	3	Apr	1956
5	4	May	1956
5	5	Jun	1956
5	6	Jul	1956
6	1	Aug	1956
6	2	Sep	1956
6	3	Oct	1956
6	4	Nov	1956
6	5	Dec	1956
7	1	Jan	1957
7	2	Feb	1957
7	3	Mar	1957
7	4	Apr	1957
7	5	May	1957
7	6	Jun	1957
8	1	Jul	1957
8	2	Aug	1957
8	3	Sep	1957
8	4	Oct	1957
8	5	Nov	1957
8	6	Dec	1957
9	1	Jan	1958
9	2	Feb	1958
9	3	Mar	1958
9	4	Apr	1958
9	5	May	1958
9	6	Jun	1958
10	1	Jul	1958
10	2	Aug	1958
10	3	Sep	1958
10	4	Oct	1958

```
10   5    Nov    1958
11   1    Jan    1959
11   2    Mar    1959
11   3    May    1959
11   4    Jul    1959
11   5    Sep    1959
11   6    Oct    1959
12   1    Nov    1959
12   2    Dec    1959
12   3    Jan    1960
12   4    Feb    1960
12   5    Mar    1960
```

FANTASY. No. 1-3. 1938-1939.
London, George Newnes, Ltd.

    Editor: not identified.
    Note: Nicholl's <u>Science Fiction Encyclopedia</u> identifies T. Stanhope Sprigg as editor.
    Code: FANT.
    Indexed in: Day, ASFA, SFBRI.

Issue Checklist:

```
Fantasy
1              1938
2              1939
3              1939
```

FANTASY AND SCIENCE FICTION
    See: Magazine of Fantasy and Science Fiction

FANTASY BOOK. V. 1-2 No. 2. 1947-1951.
Los Angeles, Fantasy Publishing Co., Inc. (FPCI).

    Editor: Garrett Ford (William L. Crawford).
    Code: FBK.
    Indexed in: Day, Strauss, Metcalf, SFBRI.

Issue Checklist:

```
Fantasy Book
1   1              1947
1   2              1947
1   3              1948
1   4              1948
1   5              1949
1   6              1950
2   1              1950
2   2              1951
      (Called No. 8 on cover)
```

FANTASY BOOK. V. 1-   . Oct. 1981-
Pasadena, CA., Fantasy Book Enterprises.

    Editor: Nick Smith.
    Code:
    Indexed in: NESFA.

Issue Checklist:

```
Fantasy Book
1   1    Oct    1981
1   2    Dec    1981
1   3    Feb    1982
1   4    May    1982
1   5    Aug    1982
1   6    Nov    1982
```

FANTASY FICTION. V. 1 No. 1-4. Feb.-Nov. 1953.
New York, Future Publications, Inc.

    Editor: Feb.-Aug. 1953, Lester del Rey; Nov. 1953, Cameron Hall.
    Code: FAM.
    Indexed in: Strauss, Metcalf, SFBRI.

Issue Checklist:

```
Fantasy Magazine
1   1    Feb    1953
    (Dated Mar. on spine)
Fantasy Fiction
1   2    Jun    1953
1   3    Aug    1953
1   4    Nov    1953
```

FANTASY FICTION
    see also Fantasy Stories entry.

FANTASY MAGAZINE
    See: Fantasy Fiction

FANTASY STORIES. V. 1 No. 1-2. May-Nov. 1950.
Chicago, Magabooks, Inc.

    Editor: Curtis Mitchell.
    Code: FFN.
    Indexed in: Day, SFBRI.

Issue Checklist:

```
Fantasy Fiction
1   1    May    1950
Fantasy Stories
1   2    Nov    1950
```

FANTASY TALES. V. 1 No. 1-   . sum. 1977-
Wembly, Middlesex, England, Fantasy Tales (Stephen Jones and David Sutton)

    Editors: Stephen Jones.
    Code:
    Indexed in:

Issue Checklist:

```
Fantasy Tales
1   1    sum    1977
1   2    win    1977
2   3    sum    1978
2   4    spr    1979
3   5    win    1979
3   6    sum    1980
4   7    spr    1981
4   8    sum    1981
5   9    spr    1982
```

FANTASY, THE MAGAZINE OF SCIENCE FICTION. V. 1 No. 1-3. Dec. 1946-Aug. 1947.
London, Temple Bar Publishing Co.

    Editor: Walter Gillings.
    Code: FANS.
    Indexed in: Day, SFBRI, ASFA.

Issue Checklist:

```
Fantasy, The Magazine of Science Fiction
1   1    Dec    1946
1   2    Apr    1947
1   3    Aug    1947
```

FEAR

FEAR! V. 1 No. 1-2. May-Jul. 1960.
    Concord, N. H., Great American Publications, Inc.

        Editor: Joseph L. Marx.
        Code: FER.
        Indexed in: Strauss, Metcalf, SFBRI.

    Issue Checklist:

        Fear
    1   1   May   1960
    1   2   Jul   1960

FLASH GORDON STRANGE ADVENTURE MAGAZINE. V. 1
    No. 1. December 1936.
    Albany, C. J. H. Publications, Inc.

        Editor: Not identified.
        Note: Tuck's Encyclopedia of Science Fiction and Fantasy, Vol. 3, identifies H. Hersey as editor.
        Indexed in:
        Note: Not seen. Data supplied by Kenneth R. Johnson.

    Issue Checklist:

        Flash Gordon Strange Adventure Magazine
    1   1   Dec   1936

FLYING SAUCERS FROM OTHER WORLDS. No. 1-No. 25.
    Nov. 1949-Jun. 1960.
    Evanston, Ind., Palmer Publications, Inc.

        Editor: Jun.-Sep. 1953, George Bell; Dec. 1953-Sep. 1957, Ray Palmer and Bea Mahaffey.
        Publisher varies: Jan.-Sep. 1953, Bell Publications; Dec. 1953-Sep. 1957, Palmer Publications.
        Note: A notation on early Universe issues states that it includes Other Worlds and Flying Saucers.
        Note: During the period 1957-1960, Palmer varied the cover titles of the magazines to show varying content in magazine issues carrying the same apparent title. Fiction issues were shown as Flying Saucers From OTHER WORLDS. Non-fiction issues were shown as FLYING SAUCERS From Other Worlds. Palmer treated the two as separate subscription items, cf. his editorial in the Aug. 1957 issue.
        Note: FLYING SAUCERS continued after issue 17, November 1960, as a non-fiction title. This checklist was extended to that point to establish the pattern of the magazine, even though fiction issues stopped as of 1957.
        Code: UNI; FSO
        Indexed in: Strauss, Metcalf, SFBRI.

    Issue Checklist:

        Universe Science Fiction
        1   Jun   1953
        2   Sep   1953
        3   Dec   1953
        4   Mar   1954
        5   May   1954
        6   Jul   1954
        7   Sep   1954
        8   Nov   1954
        9   Jan   1955
        10 Mar   1955
        Other Worlds Science Stories
        11 May   1955
        12 Jul   1955
        13 Sep   1955
        14 Nov   1955
        15 Feb   1956
        16 Apr   1956
        17 Jun   1956
        18 Sep   1956
        19 Nov   1956
        20 Jan   1957
        21 Mar   1957
        22 May   1957
        (Incorrectly numbered 21 in masthead)
        Flying Saucers From Other Worlds
            Jun   1957   (FS 1)
            Jul   1957
            Aug   1957   (FS 2)
            Oct   1957
            (Dated Oct. on spine)
            Nov   1957   (FS 3)
            Feb   1958   (FS 4)
            May   1958   (FS 5)
        Flying Saucers
            Jul/Aug 1958   (FS 6)
            Oct   1958   (FS 7)
            Dec   1958   (FS 8)
            Feb   1959   (FS 9)
            May   1959   (FS 10)
            Jul   1959   (FS 11)
            Oct   1959   (FS 12)
            Dec   1959   (FS 13)
            (Also numbered 27)
            Feb   1960   (FS 14)
            (Also numbered 28)
            Jun   1960   (FS 15)
            Aug   1960   (FS 16)
            Nov   1960   (FS 17)

FORGOTTEN FANTASY. V. 1 No. 1-. Oct. 1970-Jun. 1971.
    Hollywood, Calif., Nectar Press, Inc.

        Editor: Douglas Menville.
        Code: FF.
        Indexed in: NESFA, SFBRI.

    Issue Checklist:

        Forgotten Fantasy
    1   1   Oct   1970
    1   2   Dec   1970
    1   3   Feb   1971
    1   4   Apr   1971
    1   5   Jun   1971

FUTURE COMBINED WITH SCIENCE FICTION
    See: Science Fiction Stories

FUTURE COMBINED WITH SCIENCE FICTION STORIES
    See: Future Science Fiction

FUTURE FANTASY AND SCIENCE FICTION
    See: Science Fiction Stories

FUTURE FICTION
    See: Science Fiction Stories

FUTURE SCIENCE FICTION. V. 1-5 No. 3; No. 28-48.
    May 1950-Apr. 1960.
    Holyoke, MA., Columbia Publications.

    Editor: Robert A. W. Lowndes.
    Code: FUTF.
    Indexed in: Day, Strauss, Metcalf, SFBRI.

Issue Checklist:

    Future Combined with Science Fiction Stories
1	1	May/Jun	1950
1	2	Jul/Aug	1950
1	3	Sep/Oct	1950
1	4	Nov	1950
1	5	Jan	1951
1	6	Mar	1951
2	1	May	1951
2	2	Jul	1951
2	3	Sep	1951
2	4	Nov	1951

    Future Science Fiction Stories
2	5	Jan	1952
2	6	Mar	1952

    Future Science Fiction
3	1	May	1952
3	2	Jul	1952
3	3	Sep	1952
3	4	Nov	1952
3	5	Jan	1953
3	6	Mar	1953
4	1	May	1953
4	2	Jul	1953
4	3	Sep	1953
4	4	Nov	1953
4	5	Jan	1954
4	6	Mar	1954
5	1	Jun	1954
5	2	Aug	1954
5	3	Oct	1954
	28		1955
	29		1956
	30		1956
	31	win	1956/57
	32	spr	1957
	33	sum	1957
	34	fal	1957
	35	Feb	1958
	36	Apr	1958
	37	Jun	1958
	38	Aug	1958
	39	Oct	1958
	40	Dec	1958
	41	Feb	1959
	42	Apr	1959
	43	Jun	1959
	44	Aug	1959
	45	Oct	1959
	46	Dec	1959
	47	Feb	1960
	48	Apr	1960

FUTURISTIC SCIENCE STORIES. No. 1-16. (1950-1954)
    London, John Spencer and Co.

    Editor: No. 1-13, not identified; No. 14?-16, John S. Manning.
    Code: FUTS.
    Indexed in: ASFA (1-15), SFBRI.

Issue Checklist:

    Futuristic Science Stories
(1)	(1950)
2	(1950)
3	(1950)
4	(1951)
5	(1951)
6	(1952)
7	(1952)
8	(1952)
9	(1953)
10	(1953)
11	(1953)
12	(1953)
13	(1953)
14	(1954)
15	(1954)
16	(1954)

FUTURISTIC STORIES. No. 1-2. 1946.
    London, Hamilton and Co., Ltd.

    Editor: not identified.
    Code: FUTS.
    Indexed in: ASFA, SFBRI.

Issue Checklist:

    Futuristic Stories
(1)	(Oct)	(1946)
(2)	(Nov)	(1946)

GALAXY. V. 1-40 No. 1. Oct. 1950-Jul. 1980.
    Boston, Galaxy Magazine, Inc.

    Editor: Oct. 1950-Oct. 1961, Horace L. Gold; Dec. 1961-May 1969, Frederik Pohl; Jul. 1969-May 1974, Ejler Jakobsson; Jun. 1974-Oct. 1977, James Patrick Baen; Nov. 1977-Mar./Apr. 1979, John J. Pierce; Jun./Jul. 1979-Sep/Oct. 1979, Hank Stine; Jul. 1980, Floyd Kemske.
    Publisher varies: Oct. 1950-Sep. 1951, World Editions; Oct. 1951-May 1969, Galaxy Publishing Corp.; Jul. 1969-Sep/Oct. 1979, Universal Publishing & Distributing Corp.; Jul. 1980, Galaxy Magazine, Inc.
    Code: GAL.
    Indexed in: Day, Strauss, Metcalf, NESFA, SFBRI, TWACI.

Issue Checklist:

    Galaxy Science Fiction
1	1	Oct	1950
1	2	Nov	1950
1	3	Dec	1950
1	4	Jan	1951
1	5	Feb	1951
1	6	Mar	1951
2	1	Apr	1951
2	2	May	1951
2	3	Jun	1951
2	4	Jul	1951
2	5	Aug	1951
2	6	Sep	1951
3	1	Oct	1951
3	2	Nov	1951
3	3	Dec	1951
3	4	Jan	1952
3	5	Feb	1952
3	6	Mar	1952
4	1	Apr	1952
4	2	May	1952

GALAXY

Vol	No	Month	Year
4	3	Jun	1952
4	4	Jul	1952
4	5	Aug	1952
4	6	Sep	1952
5	1	Oct	1952
5	2	Nov	1952
5	3	Dec	1952
5	4	Jan	1953
5	5	Feb	1953
5	6	Mar	1953
6	1	Apr	1953
6	2	May	1953
6	3	Jun	1953
6	4	Jul	1953
6	5	Aug	1953
6	6	Sep	1953
7	1	Oct	1953
7	2	Nov	1953
7	3	Dec	1953
7	5	Jan	1954

(Numbering error - actually V. 7 No.4)

Vol	No	Month	Year
7	5A	Feb	1954

(Numbering error - actually V. 7 No. 5)

Vol	No	Month	Year
7	6	Mar	1954
8	1	Apr	1954
8	2	May	1954
8	3	Jun	1954
8	4	Jul	1954
8	5	Aug	1954
8	6	Sep	1954
9	1	Oct	1954
9	2	Nov	1954
9	3	Dec	1954
9	4	Jan	1955
9	5	Feb	1955
9	6	Mar	1955
10	1	Apr	1955
10	2	May	1955
10	3	Jun	1955
10	4	Jul	1955
10	5	Aug	1955
10	6	Sep	1955
11	1	Oct	1955
11	2	Nov	1955
11	3	Jan	1956
11	4	Feb	1956
11	5	Mar	1956
11	6	Apr	1956
12	1	May	1956
12	2	Jun	1956
12	3	Jul	1956
12	4	Aug	1956
12	5	Sep	1956
12	6	Oct	1956
13	1	Nov	1956
13	2	Dec	1956
13	3	Jan	1957
13	4	Feb	1957
13	5	Mar	1957
13	6	Apr	1957
14	1	May	1957
14	2	Jun	1957
14	3	Jul	1957
14	4	Aug	1957
14	5	Sep	1957
14	6	Oct	1957
15	1	Nov	1957
15	2	Dec	1957
15	3	Jan	1958
15	4	Feb	1958
15	5	Mar	1958
15	6	Apr	1958
16	1	May	1958
16	2	Jun	1958
16	3	Jul	1958
16	4	Aug	1958

Galaxy Magazine

Vol	No	Month	Year
16	5	Sep	1958
16	6	Oct	1958
17	1	Nov	1958
17	2	Dec	1958
17	3	Feb	1959
17	4	Apr	1959
17	5	Jun	1959
17	6	Aug	1959

Galaxy Science Fiction

Vol	No	Month	Year
18	1	Oct	1959
18	2	Dec	1959

Galaxy Magazine

Vol	No	Month	Year
18	3	Feb	1960
18	4	Apr	1960
18	5	Jun	1960
18	6	Aug	1960
19	1	Oct	1960
19	2	Dec	1960
19	3	Feb	1961
19	4	Apr	1961
19	5	Jun	1961
19	6	Aug	1961
20	1	Oct	1961
20	2	Dec	1961
20	3	Feb	1962
20	4	Apr	1962
20	5	Jun	1962
20	6	Aug	1962
21	1	Oct	1962
21	2	Dec	1962
21	3	Feb	1963
21	4	Apr	1963
21	5	Jun	1963
21	6	Aug	1963
22	1	Oct	1963
22	2	Dec	1963
22	3	Feb	1964
22	4	Apr	1964
22	5	Jun	1964
22	6	Aug	1964
23	1	Oct	1964
23	2	Dec	1964
23	3	Feb	1965
23	4	Apr	1965
23	5	Jun	1965
23	6	Aug	1965
24	1	Oct	1965
24	2	Dec	1965
24	3	Feb	1966
24	4	Apr	1966
24	5	Jun	1966
24	6	Aug	1966
25	1	Oct	1966
25	2	Dec	1966
25	3	Feb	1967
25	4	Apr	1967
25	5	Jun	1967
25	6	Aug	1967
26	1	Oct	1967
26	2	Dec	1967
26	3	Feb	1968
26	4	Apr	1968
26	5	Jun	1968
26	6	Jul	1968
27	1	Aug	1968
27	2	Sep	1968
27	3	Oct	1968
27	4	Nov	1968
27	5	Dec	1968
27	6	Jan	1969
28	1	Feb	1969

Vol	No	Month	Year
28	2	Mar	1969
28	3	Apr	1969
28	4	May	1969
28	5	Jul	1969
128	6	Aug	1969

(Numbering error; actually V. 28)

129	1	Sep	1969

(Numbering error; actually V. 29)

129	2	Oct	1969

(Numbering error; actually V. 29)

129	3	Nov	1969

(Numbering error; actually V. 29)

29	4	Dec	1969
29	5	Feb	1970
29	6	Mar	1970
30	1	Apr	1970
30	2	May	1970
30	3	Jun	1970
30	4	Jul	1970
30	5	Aug/Sep	1970
30	6	Oct/Nov	1970
31	1	Dec	1970
31	2	Jan	1971
31	3	Feb	1971
31	4	Mar	1971
31	5	Apr	1971
31	6	May/Jun	1971
32	1	Jul/Aug	1971
32	2	Sep/Oct	1971
32	3	Nov/Dec	1971
32	4	Jan/Feb	1972
32	5	Mar/Apr	1972
32	6	May/Jun	1972
33	1	Jul/Aug	1972
33	2	Sep/Oct	1972
33	3	Nov/Dec	1972
33	4	Jan/Feb	1973
33	5	Mar/Apr	1973
33	6	May/Jun	1973
34	7	Jul/Aug	1973

(Numbering error; actually V. 33)

34	8	Sep	1973

(Numbering error; actually V. 33)

34	1	Oct	1973
34	2	Nov	1973
34	3	Dec	1973
34	4	Jan	1974
34	5	Feb	1974
34	6	Mar	1974
34	7	Apr	1974

(Numbering system changed; V. 35, No. 1-4 not published)

35	5	May	1974
35	6	Jun	1974
35	7	Jul	1974
35	8	Aug	1974
35	9	Sep	1974
35	10	Oct	1974
35	11	Nov	1974
35	12	Dec	1974
36	1	Jan	1975
36	2	Feb	1975
36	3	Mar	1975
36	4	Apr	1975
36	5	Jun	1975
36	6	Jul	1975
36	7	Aug	1975
36	8	Sep	1975
36	9	Oct	1975
37	1	Jan	1976
37	2	Feb	1976
37	3	Mar	1976
37	4	May	1976
37	5	Jul	1976
37	6	Sep	1976
37	7	Oct	1976
37	8	Nov	1976
37	9	Dec	1976
38	1	Mar	1977
38	2	Apr	1977
38	3	May	1977
38	4	Jun	1977
38	5	Jul	1977
38	6	Aug	1977
38	7	Sep	1977
38	8	Oct	1977
38	9	Nov	1977
39	1	Dec/Jan	1978
39	2	Feb	1978
39	3	Mar	1978
39	4	Apr	1978
39	5	May	1978
39	6	Jun	1978
39	7	Sep	1978
39	8	Nov/Dec	1978
39	9	Mar/Apr	1979
39	10	Jun/Jul	1979
39	11	Sep/Oct	1979
40	1	Jul	1980

GALAXY SCIENCE FICTION
See: Galaxy Magazine

GALILEO, MAGAZINE OF SCIENCE AND FICTION. No. 1-16. 1976-1980.
Boston: Galileo Magazine, Inc.

Editor: Charles C. Ryan.
Publisher varies: 1976-Jan. 1978, Avenue Victor Hugo Publications; Mar. 1978-Jan. 1980, Galileo Magazine, Inc.
Code:
Indexed in: SFBRI.

Issue Checklist:

Galileo, Magazine of Science and Fiction

No	Month	Year
1	Sep	1976
2		1976
3	Apr	1977
4	Jul	1977
5	Oct	1977
6	Jan	1978
7	Mar	1978
8	May	1978
9	Jul	1978
10	Sep	1978
11/12		1979
(13)	Jul	1979
(14)	Sep	1979
(15)	Nov	1979
(16)	Jan	1980

GAMMA. V. 1-V. 2, No. 5. 1963-Sep. 1965.
North Hollywood, Calif., Star Press, Inc.

Editor: Charles E. Fritch.
Issues also numbered as whole numbers 1-5.
Code: GAM.
Indexed in: Strauss, Metcalf, SFBRI.

Issue Checklist:

Gamma

Vol	No	Year
1	1	1963
1	2	1963
2	1	1964

```
2    2    Feb    1965
2    5    Sep    1965
     (Numbering inconsistency - actually V. 2
     No. 3)
```

GHOST STORIES. V. 1-11 No. 4. July 1926-Dec/Jan.
   1932.
   Good Story Magazine Co. (Harold Hersey)

   Editor: Jan. 1927-Jul. 1927, Harry A.
Keller; Jan. 1928, Adolphe Roberts; Jan.
1929-Jul. 1929, George Bond; Dec. 1929, D. E.
Wheeler; Jul. 1930, Arthur B. Howland; Jan.
1931-Oct/Nov. 1931, Harold Hersey.
   Publisher varies: Jul. 1929-Mar. 1930,
Constructive Publishing Co. (Macfadden); Apr.
1930-Dec/Jan. 1932, Good Story Magazine Co.
   Indexed in: Stories of Ghosts (Opar
Press)
   Note: Not seen. Data supplied by
Kenneth R. Johnson.

Issue Checklist:

```
1    1    Jul    1926
1    2    Aug    1926
1    3    Sep    1926
1    3    Oct    1926
1    4    Nov    1926
1    5    Dec    1926
2    1    Jan    1927
2    2    Feb    1927
2    3    Mar    1927
2    4    Apr    1927
2    5    May    1927
2    6    Jun    1927
3    1    Jul    1927
3    2    Aug    1927
3    3    Sep    1927
3    4    Oct    1927
3    5    Nov    1927
3    6    Dec    1927
4    1    Jan    1928
4    2    Feb    1928
4    3    Mar    1928
4    4    Apr    1928
4    5    May    1928
4    6    Jun    1928
5    1    Jul    1928
5    2    Aug    1928
5    3    Sep    1928
5    4    Oct    1928
5    5    Nov    1928
5    6    Dec    1928
6    1    Jan    1929
6    2    Feb    1929
6    3    Mar    1929
6    4    Apr    1929
6    5    May    1929
6    6    Jun    1929
7    1    Jul    1929
7    2    Aug    1929
7    3    Sep    1929
7    4    Oct    1929
7    5    Nov    1929
7    6    Dec    1929
8    1    Jan    1930
8    2    Feb    1930
8    3    Mar    1930
8    4    Apr    1930
8    5    May    1930
8    6    Jun    1930
9    1    Jul    1930
9    2    Aug    1930
9    3    Sep    1930
9    4    Oct    1930
9    5    Nov    1930
9    6    Dec    1930
10   1    Jan    1931
10   2    Feb    1931
10   3    Mar    1931
10   4    Apr    1931
10   5    May    1931
10   6    Jun    1931
11   1    Jul    1931
11   2    Aug/Sep    1931
11   3    Oct/Nov    1931
11   4    Dec/Jan    1932
```

GREAT SCIENCE FICTION FROM AMAZING STORIES
   See: SF Greats

GREAT SCIENCE FICTION FROM FANTASTIC
   See: SF Greats

GREAT SCIENCE FICTION STORIES. No. 1-3.
   1964-1966.
   New York, Popular Library, Inc.

   Editor: Jim Hendryx, Jr.
   Code: GSFS.
   Indexed in: Metcalf, Strauss, NESFA,
SFBRI.

Issue Checklist:

   Treasury of Great Science Fiction
   Stories
   1   1964
   2   1965
   Great Science Fiction Stories
   3   1966

HAUNT OF HORROR. V. 1 No. 1-2. Jun. 1973-Aug.
   1973.
   New York, Marvel Comics Group.

   Editor: Gerard Conway.
   Code: HOH.
   Indexed in: NESFA, Cook.

Issue Checklist:

   Haunt of Horror
   1   1   Jun   1973
   1   2   Aug   1973

HORROR SEX TALES. V. 1 No. 1. 1972.
   Los Angeles, Gallery Press.

   Editor: Not identified.
   Note: Contents about one-half fantasy.
   Note: Not seen. Data supplied by
Kenneth R. Johnson.
   Indexed in:

Issue Checklist:

   Horror Sex Tales
   1   1   1972

IF, WORLDS OF SCIENCE FICTION
   See: Worlds of If Science Fiction

IMAGINATION SCIENCE FICTION

IMAGINATION SCIENCE FICTION. V. 1-9 No. 5. Oct. 1950- Oct. 1958.
Evanston, Ill., Greenleaf Publishing Co.

Editor: Oct.-Dec. 1950, R. A. Palmer; Feb. 1951-Oct. 1958, William L. Hamling.
Publisher varies: Oct.-Dec. 1950, Clark Publishing Co.; Feb. 1951-Oct. 1958, Greenleaf Publishing Co.
Code: ISF.
Indexed in: Day, Strauss, Metcalf, SFBRI.

Issue Checklist:

Imagination Stories of Science and Fantasy

1	1	Oct	1950
1	2	Dec	1950
2	1	Feb	1951
2	2	Apr	1951
2	3	Jun	1951
2	4	Sep	1951
2	5	Nov	1951
3	1	Jan	1952
3	2	Mar	1952
3	3	May	1952
3	4	Jul	1952
3	5	Sep	1952
3	6	Oct	1952
3	7	Dec	1952
4	1	Jan	1953
4	2	Feb	1953
4	3	Apr	1953
4	4	May	1953
4	5	Jun	1953
4	6	Jul	1953
4	7	Aug	1953
4	8	Sep	1953
4	9	Oct	1953
4	10	Nov	1953
4	11	Dec	1953
5	1	Jan	1954
5	2	Feb	1954
5	3	Mar	1954
5	4	Apr	1954
5	5	May	1954
5	6	Jun	1954
5	7	Jul	1954
5	8	Aug	1954
5	9	Sep	1954
5	10	Oct	1954
5	11	Nov	1954
5	12	Dec	1954
6	1	Jan	1955
6	2	Feb	1955
6	3	Mar	1955
6	4	Apr	1955
6	5	May	1955
6	6	Jun	1955
6	7	Jul	1955
6	8	Oct	1955
6	9	Dec	1955
7	1	Feb	1956
7	2	Apr	1956
7	3	Jun	1956
7	4	Aug	1956
7	5	Oct	1956
7	6	Dec	1956
8	1	Feb	1957
8	2	Apr	1957
8	3	Jun	1957
8	4	Aug	1957
8	5	Oct	1957
8	6	Dec	1957
9	1	Feb	1958
9	2	Apr	1958
9	3	Jun	1958
9	4	Aug	1958
9	5	Oct	1958

IMAGINATION STORIES OF SCIENCE AND FANTASY
See: Imagination Science Fiction

IMAGINATIVE TALES
See: Space Travel

IMPULSE
See: SF Impulse

INFINITY SCIENCE FICTION. V. 1-4 No. 2. Nov. 1955-Nov. 1958.
New York, Royal Publications, Inc.

Editor: Larry T. Shaw.
Code: INF.
Indexed in: Strauss, Metcalf, SFBRI.

Issue Checklist:

Infinity Science Fiction

1	1	Nov	1955
1	2	Feb	1956
1	3	Jun	1956
1	4	Aug	1956
1	5	Oct	1956
1	6	Dec	1956
2	1	Feb	1957
2	2	Apr	1957
2	3	Jun	1957
2	4	Jul	1957
2	5	Sep	1957
2	6	Oct	1957
3	1	Nov	1957
3	2	Jan	1958
3	3	Mar	1958
3	4	Apr	1958
3	5	Jun	1958
3	6	Aug	1958
4	1	Oct	1958
4	2	Nov	1958

INTERNATIONAL SCIENCE FICTION. V. 1 No. 1-2. Nov. 1967-Jun. 1968.
New York, Galaxy Publishing Corp.

Editor: Frederik Pohl.
Code: INT.
Indexed in: NESFA, SFBRI.

Issue Checklist:

International Science Fiction

1	1	Nov	1967
1	2	Jun	1968

INTERZONE. V. 1 No.1-   . spr. 1982-

Editor: John Clute, Malcolm Edwards, Alan Dorey, Colin Greenland, Graham James, Roz Kavenoy, Simen Ounsley, David Pringle.
Publishers: John Clute, Malcolm Edwards, Alan Dorey, Colin Greenland, Graham James, Roz Kavenoy, Simen Ounsley, David Pringle.
Code:
Indexed in:

Issue Checklist:

Interzone
1	1	Mar	1982
1	2	Jun	1982
1	3	Sep	1982

ISAAC ASIMOV'S SCIENCE FICTION MAGAZINE. V. 1, No. 1- . spr. 1977-
New York, Davis Publications, Inc.

    Editor: spr. 1977-Feb. 15, 1982, George H. Scithers; Mar. 15, 1982- , Kathleen Moloney.
    Code: IASF.
    Indexed in: NESFA, SFBRI, TWACI.

Issue Checklist:

Isaac Asimov's Science Fiction Magazine
1	1	spr	1977
1	2	sum	1977
1	3	fal	1977
1	4	win	1977
2	1	Jan/Feb	1978
2	2	Mar/Apr	1978
2	3	May/Jun	1978
2	4	Jul/Aug	1978
2	5	Sep/Oct	1978
2	6	Nov/Dec	1978
3	1	Jan	1979
3	2	Feb	1979
3	3	Mar	1979
3	4	Apr	1979
3	5	May	1979
3	6	Jun	1979
3	7	Jul	1979
3	8	Aug	1979
3	9	Sep	1979
3	10	Oct	1979
3	11	Nov	1979
3	12	Dec	1979
4	1	Jan	1980
4	2	Feb	1980
4	3	Mar	1980
4	4	Apr	1980
4	5	May	1980
4	6	Jun	1980
4	7	Jul	1980
4	8	Aug	1980
4	9	Sep	1980
4	10	Oct	1980
4	11	Nov	1980
4	12	Dec	1980
5	1	Jan 19	1981
5	2	Feb 16	1981
5	3	Mar 16	1981
5	4	Apr 13	1981
5	5	May 11	1981
5	6	Jun 8	1981
5	7	Jul 6	1981
5	8	Aug 3	1981
5	9	Aug 31	1981
5	10	Sep 28	1981
5	11	Oct 26	1981
5	12	Nov 23	1981
5	13	Dec 21	1981
6	1	Jan 18	1982
6	2	Feb 15	1982
6	4	Mar 15	1982

(Numbering error; actually no. 3)
6	4	Apr 14	1982
6	5	May	1982
6	6	Jun	1982
6	7	Jul	1982
6	8	Aug	1982
6	9	Sep	1982
7	10	Oct	1982

(Numbering error; actually V. 6)
6	11	Nov	1982
6	12	Dec	1982
6	13	mid-Dec	1982

MACABRE. No. 1-23. Jun. 1957-1976.
New Haven, Conn., Joseph Payne Brennan.

    Editor: Joseph Payne Brennan.
    Code: MAC.
    Indexed in: Strauss (no. 2-9), SFBRI.

Issue Checklist:

Macabre
1		1957
2	win	1957
3	sum	1958
4	win	1958
5	sum	1959
6	win	1959
7	sum	1960
8	win	1960
9	sum	1961
10	win	1961/62
11	sum	1962
12	win	1962/63
13	sum	1963
14	win	1963/64
15	sum	1964
16	win	1964/65
17	sum	1965
18	win	1965/66
19	sum	1966
20		1968
21		1970
22		1973
23		1976

MAGAZINE OF FANTASY
    See: Magazine of Fantasy and Science Fiction

MAGAZINE OF FANTASY AND SCIENCE FICTION. V. 1, No. 1- . fal. 1949-
Cornwall, CT., Mercury Press, Inc.

    Editor: fal. 1949-Aug. 1954, Anthony Boucher and J. Francis McComas; Sep. 1954-Aug. 1958, Anthony Boucher; Sep. 1958-Mar. 1962, Robert P. Mills; Apr. 1962-Nov. 1964, Avram Davidson; Dec. 1964-Dec. 1965, Joseph W. Ferman; Jan. 1966- Edward L. Ferman.
    Publisher varies: fal. 1949, Mystery House, Inc.; win./spr. 1950-Feb. 1958, Fantasy House, Inc.; Mar. 1958- , Mercury Press, Inc.
    Code: FSF.
    Indexed in: Day, Strauss, Metcalf, NESFA, TWACI, SFBRI.

Issue Checklist:

Magazine of Fantasy
1	1	fal	1949

Magazine of Fantasy and Science Fiction
1	2	win/spr	1950
1	3	sum	1950
1	4	fal	1950
1	5	Dec	1950

MAGAZINE OF FANTASY AND SCIENCE FICTION

Vol	No	Month	Year
2	1	Feb	1951
2	2	Apr	1951
2	3	Jun	1951
2	4	Aug	1951
2	5	Oct	1951
2	6	Dec	1951
3	1	Feb	1952
3	2	Apr	1952
3	3	Jun	1952
3	4	Aug	1952
3	5	Sep	1952
3	6	Oct	1952
3	7	Nov	1952
3	8	Dec	1952
4	1	Jan	1953
4	2	Feb	1953
4	3	Mar	1953
4	4	Apr	1953
4	5	May	1953
4	6	Jun	1953
5	1	Jul	1953
5	2	Aug	1953
5	3	Sep	1953
5	4	Oct	1953
5	5	Nov	1953
5	6	Dec	1953
6	1	Jan	1954
6	2	Feb	1954
6	3	Mar	1954
6	4	Apr	1954
6	5	May	1954
6	6	Jun	1954
7	1	Jul	1954
7	2	Aug	1954
7	3	Sep	1954
7	4	Oct	1954
7	5	Nov	1954
7	6	Dec	1954
8	1	Jan	1955
8	2	Feb	1955
8	3	Mar	1955
8	4	Apr	1955
8	5	May	1955
8	6	Jun	1955
9	1	Jul	1955
9	2	Aug	1955
9	3	Sep	1955
9	4	Oct	1955
9	5	Nov	1955
9	6	Dec	1955
10	1	Jan	1956
10	2	Feb	1956
10	3	Mar	1956
10	4	Apr	1956
10	5	May	1956
10	6	Jun	1956
11	1	Jul	1956
11	2	Aug	1956
11	3	Sep	1956
		(Dated Sep. 1955 on spine)	
11	4	Oct	1956
11	5	Nov	1956
11	6	Dec	1956
12	1	Jan	1957
12	2	Feb	1957
12	3	Mar	1957
12	4	Apr	1957
12	5	May	1957
12	6	Jun	1957
13	1	Jul	1957
13	2	Aug	1957
13	3	Sep	1957
13	4	Oct	1957
13	5	Nov	1957
13	6	Dec	1957
13	7	Jan	1958
		(Numbering error - actually V. 14 No. 1)	
14	2	Feb	1958
14	3	Mar	1958
14	4	Apr	1958
14	5	May	1958
14	6	Jun	1958
15	1	Jul	1958
15	2	Aug	1958
15	3	Sep	1958
15	4	Oct	1958
15	5	Nov	1958
15	6	Dec	1958
16	1	Jan	1959
16	2	Feb	1959
16	3	Mar	1959
16	4	Apr	1959
16	5	May	1959
16	6	Jun	1959
17	1	Jul	1959
17	2	Aug	1959
17	3	Sep	1959
17	4	Oct	1959
17	5	Nov	1959
17	6	Dec	1959
18	1	Jan	1960
18	2	Feb	1960
18	3	Mar	1960
18	4	Apr	1960
18	5	May	1960
18	6	Jun	1960
18	7	Jul	1960
		(Numbering error - actually V. 19 No. 1)	
19	2	Aug	1960
19	3	Sep	1960
19	4	Oct	1960
19	5	Nov	1960
19	6	Dec	1960
20	1	Jan	1961
20	2	Feb	1961
20	3	Mar	1961
20	4	Apr	1961
20	3	May	1961
		(Numbering error; acutally V. 20, No. 5)	
20	6	Jun	1961
21	1	Jul	1961
21	2	Aug	1961
21	3	Sep	1961
21	4	Oct	1961
21	5	Nov	1961
21	6	Dec	1961
22	1	Jan	1962
22	2	Feb	1962
22	3	Mar	1962
22	4	Apr	1962
22	5	May	1962
22	6	Jun	1962
23	1	Jul	1962
23	2	Aug	1962
23	3	Sep	1962
23	4	Oct	1962
23	5	Nov	1962
23	6	Dec	1962
24	1	Jan	1963
24	2	Feb	1963
24	3	Mar	1963
24	4	Apr	1963
24	5	May	1963
24	6	Jun	1963
25	1	Jul	1963
25	2	Aug	1963
25	3	Sep	1963
25	4	Oct	1963

MAGAZINE OF FANTASY AND
SCIENCE FICTION

25	5	Nov	1963
25	6	Dec	1963
26	1	Jan	1964
26	2	Feb	1964
26	3	Mar	1964
26	4	Apr	1964
26	5	May	1964
26	6	Jun	1964
27	1	Jul	1964
27	2	Aug	1964
27	3	Sep	1964
27	4	Oct	1964
27	5	Nov	1964
27	6	Dec	1964
28	1	Jan	1965
28	2	Feb	1965
28	3	Mar	1965
28	4	Apr	1965
28	5	May	1965
29	1	Jun	1965

(Numbering error - actually V. 28 No. 6)

29	1	Jul	1965
29	2	Aug	1965
29	3	Sep	1965
29	4	Oct	1965
29	5	Nov	1965
29	6	Dec	1965
30	1	Jan	1966
30	2	Feb	1966
30	3	Mar	1966
30	4	Apr	1966
30	5	May	1966
30	6	Jun	1966
31	1	Jul	1966
31	2	Aug	1966
31	3	Sep	1966
31	4	Oct	1966
31	5	Nov	1966
31	6	Dec	1966
32	1	Jan	1967
32	2	Feb	1967
32	3	Mar	1967
32	4	Apr	1967
32	5	May	1967
32	6	Jun	1967
33	1	Jul	1967
33	2	Aug	1967
33	3	Sep	1967
33	4	Oct	1967
33	5	Nov	1967
33	6	Dec	1967
34	1	Jan	1968
34	2	Feb	1968
34	3	Mar	1968
34	4	Apr	1968
34	5	May	1968
34	6	Jun	1968
35	1	Jul	1968
35	2	Aug	1968
35	3	Sep	1968
35	4	Oct	1968
35	5	Nov	1968
35	6	Dec	1968
36	1	Jan	1969
36	2	Feb	1969
36	3	Mar	1969
36	4	Apr	1969
36	5	May	1969
36	6	Jun	1969
37	1	Jul	1969
37	2	Aug	1969
37	3	Sep	1969
37	4	Oct	1969
37	5	Nov	1969
37	6	Dec	1969
38	1	Jan	1970
38	2	Feb	1970
38	3	Mar	1970
38	4	Apr	1970
38	5	May	1970
38	6	Jun	1970
39	1	Jul	1970
39	2	Aug	1970
39	3	Sep	1970
39	4	Oct	1970
39	5	Nov	1970
39	6	Dec	1970
40	1	Jan	1971
40	2	Feb	1971
40	3	Mar	1971
40	4	Apr	1971
40	5	May	1971
40	6	Jun	1971
41	1	Jul	1971
41	2	Aug	1971
41	3	Sep	1971
41	4	Oct	1971
41	5	Nov	1971
41	6	Dec	1971
42	1	Jan	1972
42	2	Feb	1972
42	3	Mar	1972
42	4	Apr	1972
42	5	May	1972
42	6	Jun	1972
43	1	Jul	1972
43	2	Aug	1972
43	3	Sep	1972
43	4	Oct	1972
43	5	Nov	1972
43	6	Dec	1972
44	1	Jan	1973
44	2	Feb	1973
44	3	Mar	1973
44	4	Apr	1973
44	5	May	1973
44	6	Jun	1973
45	1	Jul	1973
45	2	Aug	1973
45	3	Sep	1973
45	4	Oct	1973
45	5	Nov	1973
45	6	Dec	1973
46	1	Jan	1974
46	2	Feb	1974
46	3	Mar	1974
46	4	Apr	1974
46	5	May	1974
46	6	Jun	1974
47	1	Jul	1974
47	2	Aug	1974
47	3	Sep	1974
47	4	Oct	1974
47	5	Nov	1974
47	6	Dec	1974
48	1	Jan	1975
48	2	Feb	1975
48	3	Mar	1975
48	4	Apr	1975
48	4	May	1975

(Numbering error - actually V. 48 No.5)

48	6	Jun	1975
49	1	Jul	1975
49	2	Aug	1975
49	3	Sep	1975
49	4	Oct	1975
49	5	Nov	1975
49	6	Dec	1975

MAGAZINE OF FANTASY AND SCIENCE FICTION

50	1	Jan	1976
50	2	Feb	1976
50	3	Mar	1976
50	4	Apr	1976
50	5	May	1976
50	6	Jun	1976
51	1	Jul	1976
51	2	Aug	1976
51	3	Sep	1976
51	4	Oct	1976
51	5	Nov	1976
51	6	Dec	1976
52	1	Jan	1977
52	2	Feb	1977
52	3	Mar	1977
52	4	Apr	1977
52	5	May	1977
52	6	Jun	1977
53	1	Jul	1977
53	2	Aug	1977
53	3	Sep	1977
53	4	Oct	1977
53	5	Nov	1977
53	6	Dec	1977
54	1	Jan	1978
54	2	Feb	1978
54	3	Mar	1978
54	4	Apr	1978
54	5	May	1978
54	6	Jun	1978
55	1	Jul	1978
55	2	Aug	1978
55	3	Sep	1978
55	4	Oct	1978
55	5	Nov	1978
55	6	Dec	1978
56	1	Jan	1979
56	2	Feb	1979
56	3	Mar	1979
56	4	Apr	1979
56	5	May	1979
56	6	Jun	1979
57	1	Jul	1979
57	2	Aug	1979
57	3	Sep	1979
57	4	Oct	1979
57	5	Nov	1979
57	6	Dec	1979
58	1	Jan	1980
58	2	Feb	1980
58	3	Mar	1980
58	4	Apr	1980
58	5	May	1980
58	6	Jun	1980
59	1	Jul	1980
59	2	Aug	1980
59	3	Sep	1980
59	4	Oct	1980
59	5	Nov	1980
59	6	Dec	1980
60	1	Jan	1981
60	2	Feb	1981
60	3	Mar	1981
60	4	Apr	1981
60	5	May	1981
60	6	Jun	1981
61	1	Jul	1981
61	2	Aug	1981
61	3	Sep	1981
61	4	Oct	1981
61	5	Nov	1981
61	6	Dec	1981
62	1	Jan	1982
62	2	Feb	1982
62	3	Mar	1982
62	4	Apr	1982
62	5	May	1982
62	6	Jun	1982
63	1	Jul	1982
63	2	Aug	1982
63	3	Sep	1982
63	4	Oct	1982
63	5	Nov	1982
63	6	Dec	1982

MAGAZINE OF HORROR. V. 1-6. Aug. 1963-Apr. 1971. New York, Health Knowledge, Inc.

    Editor: Robert A. W. Lowndes.
    Code: MOH.
    Indexed in: Strauss, Metcalf, NESFA, Cook.

Issue Checklist:

    Magazine of Horror and Strange Stories

1	1	Aug	1963
1	2	Nov	1963
1	3	Feb	1964
1	4	May	1964
1	5	Sep	1964

    Magazine of Horror, Strange Tales, and Science Fiction

1	6	Nov	1964
2	1	Jan	1965

    Magazine of Horror, The Bizarre, The Frightening, The Gruesome

2	2	Apr	1965
2	3	Jun	1965
2	4	Aug	1965
2	5	Nov	1965
2	6	win	1965/66

    Magazine of Horror

3	1	sum	1966
3	2	win	1966
3	3	spr	1967
3	4	sum	1967
3	5	fal	1967
3	6	Nov	1967
4	1	Jan	1968
4	2	Mar	1968
4	3	May	1968
4	4	Jul	1968
4	5	Sep	1968
4	6	Nov	1968
5	1	Jan	1969
5	2	Mar	1969
5	3	May	1969
5	4	Jul	1969
5	5	Sep	1969
5	6	Dec	1969
6	2	Feb	1970

(Numbering error; actually V. 6, No. 1)

6	2	May	1970
6	3	sum	1970
6	4	fal	1970
6	5	Feb	1971
6	6	Apr	1971

MAGIC CARPET MAGAZINE. V. 1-4 No. 1. Oct./Nov. 1930-Jan. 1934. Indianapolis, Ind., Popular Fiction Publishing Co.

    Editor: Farnsworth Wright.
    Code: MCM.
    Indexed in: Cockcroft.

MAGIC CARPET MAGAZINE

Issue Checklist:

		Oriental Stories	
1	1	Oct/Nov	1930
1	2	Dec/Jan	1930/31
1	3	Feb/Mar	1931
1	4	Ap/My/Je	1931

(Dated spring on spine and cover)

1	5	sum	1931
1	6	aut	1931
2	1	win	1932
2	2	spr	1932
2	3	sum	1932

		Magic Carpet Magazine	
3	1	Jan	1933
3	2	Apr	1933
3	3	Jul	1933
3	4	Oct	1933
4	1	Jan	1934

MARVEL SCIENCE FICTION. V. 1-3 No.6. Aug. 1938-May 1952.
New York, Stadium Publishing Corp.

    Editor: Aug. 1938-Apr. 1941, not identified; Nov. 1950-May 1952, R. O. Erisman.
    Publisher varies: Aug. 1938-Nov. 1938, Postal Publications; Feb. 1939-Apr. 1941, Western Fiction Publishing Co. Inc.; Nov. 1950-May 1952, Stadium Publishing Corp.
    Suspended May 1941-Nov. 1950.
    Code: MSF.
    Indexed in: Day, Strauss, Metcalf, SFBRI.

Issue Checklist:

		Marvel Science Stories	
1	1	Aug	1938
1	2	Nov	1938
1	3	Feb	1939
1	4	Apr/May	1939
1	5	Aug	1939

		Marvel Tales	
1	6	Dec	1939
2	1	May	1940

		Marvel Stories	
2	2	Nov	1940
2	3	Apr	1941

		Marvel Science Stories	
3	1	Nov	1950
3	2	Feb	1951
3	3	May	1951

		Marvel Science Fiction	
3	4	Aug	1951
3	5	Nov	1951
3	6	May	1952

MARVEL SCIENCE STORIES
    See: Marvel Science Fiction

MARVEL STORIES
    See: Marvel Science Fiction

MARVEL TALES. V. 1 No. 1-5. May 1934-sum. 1935.
Everett, PA., Fantasy Publications.

    Editor: W. L. Crawford.
    Code: MT.
    Indexed in: SFBRI.

Issue Checklist:

		Marvel Tales	
1	1	May	1934
1	2	Jul/Aug	1934
1	3	win	1934
1	4	Mar/Apr	1935
1	5	sum	1935

MARVEL TALES (1939-1940)
    See: Marvel Science Fiction

MIRACLE SCIENCE AND FANTASY STORIES. V. 1 No. 1-2. Apr.-Jul. 1931.
Springfield, Mass., Good Story Magazine Co. (Harold Hersey)

    Editor: Not identified. (Nicholl's Science Fiction Encyclopedia identifies Douglas M. Dold as editor.
    Code: MIR.
    Indexed in: Day, SFBRI.

Issue Checklist:

		Miracle Science and Fantasy Stories	
1	1	Apr/May	1931
1	2	Jun/Jul	1931

MONSTER SEX TALES. V. 1 No. 1. Aug/Sep. 1972.
Los Angeles, Gallery Press.

    Editor: Not identified.
    Indexed in:
    Note: Not seen. Data supplied by Kenneth R. Johnson.

Issue Checklist:

1	1	Aug/Sep	1972

MOST THRILLING SCIENCE FICTION EVER TOLD
   see   THRILLING SCIENCE FICTION

MYSTERIOUS TRAVELER MAGAZINE
    See: Mysterious Traveler Mystery Reader

MYSTERIOUS TRAVELER MYSTERY READER. V. 1 No. 1-5. Nov. 1951-1952.
New York, Grace Publishing Co., Inc.

    Editor: Robert Arthur.
    Code: MYT.
    Indexed in: Strauss, SFBRI, Cook.

Issue Checklist:

		Mysterious Traveler Magazine, The	
1	1	Nov	1951
1	2	Jan	1952
1	3	Mar	1952
1	4	Jun	1952

		Mysterious Traveler Mystery Reader, The	
	5		1952

MYSTIC MAGAZINE. No. 1-7. Nov. 1953-Dec. 1954.
Evanston, IL., Palmer Publications, Inc.

    Editor: Nov. 1953-May 1954, Ray Palmer and Bea Mahaffey; Aug. 1954-Dec. 1954, Ray Palmer.
    Note: Publication continued after issue 7 as a nonfiction magazine. The title was later changed to Search, and continued for many years.
    Note: Not seen. Data supplied by

Kenneth R. Johnson.

Indexed in:

Issue Checklist:

Mystic Magazine

1	Nov	1953
2	Jan	1954
3	Mar	1954
4	May	1954
5	Aug	1954
6	Oct	1954
7	Dec	1954

NEBULA SCIENCE FICTION. V. 1 No. 1 (whole number 1)-41. aut. 1952-Jun. 1959.
Glasgow, Peter Hamilton.

    Editor: Peter Hamilton, jr.
    Publisher varies: aut. 1952-Sep. 1953, Crownpoint Publications, Ltd.; Oct. 1953-Jun. 1959, Peter Hamilton.
    Code: NEB.
    Indexed in: Strauss, Metcalf, SFBRI.

Issue Checklist:

Nebula Science Fiction

1	1	aut	1952
1	2	spr	1953
1	3	sum	1953
1	4	aut	1953
2	1	Sep	1953
2	2	Dec	1953
2	3	Feb	1954
2	4	Apr	1954
	9	Aug	1954
	10	Oct	1954
	11	Dec	1954
	12	Apr	1955
	13	Sep	1955
	14	Nov	1955
	15	Jan	1956
	16	Mar	1956
	17	Jul	1956
	18	Nov	1956
	19	Dec	1956
	20	Mar	1957
	21	May	1957
	22	Jul	1957
	23	Aug	1957
	24	Sep	1957
	25	Oct	1957
	26	Jan	1958
	27	Feb	1958
	28	Mar	1958
	29	Apr	1958
	30	May	1958
	31	Jun	1958
	32	Jul	1958
	33	Aug	1958
	34	Sep	1958
	35	Oct	1958
	36	Nov	1958
	37	Dec	1958
	38	Jan	1959
	39	Feb	1959
	40	May	1959

(Dated Jul. on cover)

	41	Jun	1959

NEW WORLDS. V. 1 No. 1 (i. e. No. 1)-201. 1946-Mar. 1971.
Londen, New Worlds Publishing.

    Editor: 1946-Apr. 1964, John Carnell; May/Jun. 1964-Apr. 1968, Michael Moorcock; Jul. 1968-Jan. 1969, Michael Moorcock and James Sallis; Feb. 1969, Michael Moorcock, James Sallis, and Charles Platt; Apr. 1969-Jul. 1969, Langdon Jones; Aug. 1969, Charles Platt; Sep/Oct. 1969, Michael Moorcock; Nov. 1969, "designed by R. Glyn Jones, assisted by Charles Platt; Dec. 1969, Graham Hall and Graham Charnock; Jan 1970-No. 200, Charles Platt; No. 201, Michael Moorcock.
    Publisher varies: 1946-No. 3 (undated), Pendulum Publications; 1949-Apr. 1964, Nova Publications; May/Jun. 1964-Jan. 1967, Roberts and Vinter, Ltd.; Feb/Mar. 1967, Gold Star Publications, Ltd.; Nov. 1968-Jan 1969, Michael Moorcock; Feb. 1969-1971, New Worlds Publishing; Jul-Nov. 1977, Magnelist Publications, Ltd.; Dec/Jan. 1978-Oct. 1978, Stonehart Publications, Ltd.
    Continued as an irregular paperback titled New Worlds Quarterly.
    Code: NWB.
    Indexed in: Day, Strauss, Metcalf, NESFA, SFBRI.

Issue Checklist:

New Worlds

1	1		1946
1	2		1946
1	3		(1947)
2	4		1949
2	5		1949
2	6	spr	1950
3	7	sum	1950
3	8	win	1950
3	9	spr	1951
4	10	sum	1951
4	11	aut	1951
4	12	win	1951
5	13	Jan	1952
5	14	Mar	1952
5	15	May	1952
6	16	Jul	1952
6	17	Sep	1952
6	18	Nov	1952
7	19	Jan	1953

New Worlds Science Fiction

7	20	Mar	1953
7	21	Jun	1953
8	(22)	Apr	1954
8	23	May	1954
8	24	Jun	1954
9	25	Jul	1954
9	26	Aug	1954
9	27	Sep	1954
10	28	Oct	1954
10	29	Nov	1954
10	30	Dec	1954
11	31	Jan	1955
11	32	Feb	1955
11	33	Mar	1955
12	34	Apr	1955
12	35	May	1955
12	36	Jun	1955
13	37	Jul	1955
13	38	Aug	1955
13	39	Sep	1955

NEW WORLDS

Vol	No	Month	Year
14	40	Oct	1955
14	41	Nov	1955
14	42	Dec	1955
15	43	Jan	1956
15	44	Feb	1956
15	45	Mar	1956
16	46	Apr	1956
16	47	May	1956
16	48	Jun	1956
17	49	Jul	1956
17	50	Aug	1956
17	51	Sep	1956
18	52	Oct	1956
18	53	Nov	1956
18	54	Dec	1956
19	55	Jan	1957
19	56	Feb	1957
19	57	Mar	1957
20	58	Apr	1957
20	59	May	1957
20	60	Jun	1957
21	61	Jul	1957
21	62	Aug	1957
21	63	Sep	1957
22	64	Oct	1957
22	65	Nov	1957
22	66	Dec	1957
23	67	Jan	1958
23	68	Feb	1958
23	69	Mar	1958
24	70	Apr	1958
24	71	May	1958
24	72	Jun	1958
25	73	Jul	1958
25	74	Aug	1958
25	75	Sep	1958
26	76	Oct	1958
26	77	Nov	1958
26	78	Dec	1958
27	79	Jan	1959
27	80	Feb	1959
27	81	Mar	1959
28	82	Apr	1959
28	83	May	1959
28	84	Jun	1959
29	85	Jul	1959
29	86	Aug/Sep	1959
29	87	Oct	1959
30	88	Nov	1959
30	89	Dec	1959
30	90	Jan	1960
31	91	Feb	1960
31	92	Mar	1960
31	93	Apr	1960
32	94	May	1960
32	95	Jun	1960
32	96	Jul	1960
33	97	Aug	1960
33	98	Sep	1960
33	99	Oct	1960
34	100	Nov	1960
34	101	Dec	1960
34	102	Jan	1961
35	103	Feb	1961
35	104	Mar	1961
35	105	Apr	1961
36	106	May	1961
36	107	Jun	1961
36	108	Jul	1961
37	109	Aug	1961
37	110	Sep	1961
37	111	Oct	1961
38	112	Nov	1961
38	113	Dec	1961
38	114	Jan	1962
39	115	Feb	1962
39	116	Mar	1962
39	117	Apr	1962
40	118	May	1962
40	119	Jun	1962
40	120	Jul	1962
41	121	Aug	1962
41	122	Sep	1962
41	123	Oct	1962
42	124	Nov	1962
42	125	Dec	1962
42	126	Jan	1963
43	127	Feb	1963
43	128	Mar	1963
43	129	Apr	1963
44	130	May	1963
44	131	Jun	1963
44	132	Jul	1963
45	133	Aug	1963
45	134	Sep	1963
45	135	Oct	1963
46	136	Nov	1963
46	137	Dec	1963
46	138	Jan	1964
47	139	Feb	1964
47	140	Mar	1964
47	141	Apr	1964

New Worlds SF

Vol	No	Month	Year
48	142	May/Jun	1964
48	143	Jul/Aug	1964
48	144	Sep/Oct	1964
48	145	Nov/Dec	1964
48	146	Jan	1965
48	147	Feb	1965
48	148	Mar	1965
48	149	Apr	1965
48	150	May	1965
49	151	Jun	1965
49	152	Jul	1965
49	153	Aug	1965
49	154	Sep	1965
49	155	Oct	1965
49	156	Nov	1965
49	157	Dec	1965
49	158	Jan	1966
49	159	Feb	1966
49	160	Mar	1966
49	161	Apr	1966
49	162	May	1966
50	163	Jun	1966
50	164	Jul	1966
49	165	Aug	1966

(Numbering error; actually V. 50)

Vol	No	Month	Year
50	166	Sep	1966
50	167	Oct	1966
50	168	Nov	1966
50	169	Dec	1966
50	170	Jan	1967
50	171	(Feb)	1967

(Misdated March in colophon; actually Feb. 1967)

Vol	No	Month	Year
50	172	Mar	1967
51	173	Jul	1967
51	174	Aug	1967
51	175	Sep	1967
51	176	Oct	1967
51	177	Nov	1967
	178	Dec/Jan	1967/68
	179	Feb	1968
	180	Mar	1968
	181	Apr	1968
	182	Jul	1968
	183	Oct	1968

184	Nov	1968
185	Dec	1968
186	Jan	1969
187	Feb	1969
188	Mar	1969
189	Apr	1969
190	May	1969
191	Jun	1969
192	Jul	1969
193	Aug	1969
194	Sep/Oct	1969
195	Nov	1969
196	Dec	1969
197	Jan	1970
198	Feb	1970
199	Mar	1970
200	(Apr)	1970
201	Mar	1971

NEW WORLDS QUARTERLY. No. 1-10. 1971-1976.
London, Corgi Books, Ltd.

Editor: No. 1 1971-No. 5, 1973, Michael Moorcock; No. 6, Michael Moorcock and Charles Platt; No. 7, 1974-1975, Hilary Bailey and Charles Platt.; No. 8-10, Hillary Bailey.
Publisher varies: No. 1-7, Sphere Books; No. 8-10, Corgi Books.
Note: New Worlds Quarterly is also published in American editions by Berkley Books, No 1-4, and Avon Books, No. 5-6.
Code: NWQ.
Indexed in: NESFA, SFBRI.

Issue Checklist:

New Worlds Quarterly
1	1971
2	1971
3	1972
4	1972
5	1973
6	1973
7	1974
8	1975
9	1975
10	1976

NEW WORLDS SF
See: New Worlds

NEW WORLDS SCIENCE FICTION. V. 1 No. 1-5. Mar.-Jul. 1960.
Concord, N.H., Great American Publications, Inc.

Editor: Hans Stefan Santesson.
Reprint of the British edition.
Code: NWA.
Indexed in: Strauss, Metcalf, SFBRI.

Issue Checklist:

New Worlds Science Fiction
1	1	Mar	1960
1	2	Apr	1960
1	3	May	1960
1	4	Jun	1960
1	5	Jul	1960

NEW WORLDS SCIENCE FICTION
See: New Worlds

OCCULT SHORTS. No. 1-2. 1945.
London, Gerald G. Swan, Ltd.

Editor:
Code:
Indexed in:

Issue Checklist:

Occult Shorts
| 1 | 1945 |
| 2 | 1945 |

THE OCTOPUS. V. 1 No. 4. Feb/Mar. 1939.
Chicago, Popular Publications, Inc.

Editor: Not identified.
Note: Numbering was probably continued from another, as yet unidentified, title.
Note: Not seen. Data supplied by Kenneth R. Johnson.

Indexed in:

Issue Checklist:

The Octopus
| 1 | 4 | Feb/Mar | 1939 |

ODYSSEY. V. 1 No.1-2. spr.-sum. 1976.
Brooklyn, Gambi Publications.

Editor: Roger Elwood.
Code: ODY.
Indexed in: SFBRI, NESFA.

Issue Checklist:

Odyssey
| 1 | 1 | spr | 1976 |
| 1 | 2 | sum | 1976 |

OMNI. V. 1-   . Oct. 1978-
New York: Omni Publications International.

Editor: Executive Editor, Oct.-Dec. 1979, Frank Kendig; Editorial Director, Sep. 1981-Sep. 1982, Ben Bova; Executice Editor, Oct. 1982-   , Dick Teresi.
Code: OMNI
Indexed in: NESFA, TWACI, SFBRI.

Issue Checklist:

Omni
1	1	Oct	1978
1	2	Nov	1978
1	3	Dec	1978
1	4	Jan	1979
1	5	Feb	1979
1	6	Mar	1979
1	7	Apr	1979
1	8	May	1979
1	9	Jun	1979
1	10	Jul	1979
1	11	Aug	1979
1	12	Sep	1979
2	1	Oct	1979
2	2	Nov	1979
2	3	Dec	1979
2	4	Jan	1980
2	5	Feb	1980
2	6	Mar	1980
2	7	Apr	1980

2	8	May	1980
2	9	Jun	1980
2	10	Jul	1980
2	11	Aug	1980
2	12	Sep	1980
3	1	Oct	1980
3	2	Nov	1980
3	3	Dec	1980
3	4	Jan	1981
3	5	Feb	1981
3	6	Mar	1981
3	7	Apr	1981
3	8	May	1981
3	9	Jun	1981
3	10	Jul	1981
3	11	Aug	1981
3	12	Sep	1981
4	1	Oct	1981
4	2	Nov	1981
4	3	Dec	1981
4	4	Jan	1982
4	5	Feb	1982
4	6	Mar	1982
4	7	Apr	1982
4	8	May	1982
4	9	Jun	1982
4	10	Jul	1982
4	11	Aug	1982
4	12	Sep	1982
5	1	Oct	1982
5	2	Nov	1982
5	3	Dec	1982

ORBIT SCIENCE FICTION. V. 1 No. 1-5. 1953-Nov/Dec. 1954.
New York, Hanro Corporation.

    Editor: Jules Saltman.
    Code: OSF.
    Indexed in: Strauss, Metcalf, SFBRI.

Issue Checklist:

		Orbit Science Fiction	
1	1		1953
1	2		1954
1	3	Jul/Aug	1954
1	4	Sep/Oct	1954
1	5	Nov/Dec	1954

ORIENTAL STORIES
   See: Magic Carpet Magazine

ORIGINAL SCIENCE FICTION STORIES
   See: Science Fiction Stories (1953)

OTHER WORLDS SCIENCE STORIES. V. 1-V. 5 No. 7. Nov. 1949-Jul. 1953.
Evanston: IL., Clarke Publishing Co., Inc.

    Editor: Nov. 1949, Robert N. Webster; Jan. 1950, Robert N. Webster and Ray Palmer; Mar. 1950-Sep. 1957, Ray Palmer.
    Note: The title Other Worlds Science Stories reappeared in May 1955, as a title change from Universe Science Fiction, and continuing the numbering of Universe. To complicate matters, however, the issues also carried a parenthetical whole number correctly matching the numbering of the 1944-1953 publication of Other Worlds Science Stories.
    Code: FSO
    Indexed in: Day, Strauss, Metcalf, SFBRI.

Issue Checklist:

		Other Worlds Science Stories	
1	1	Nov	1949
1	2	Jan	1950
1	3	Mar	1950
1	4	May	1950
2	1	Jul	1950
2	2	Sep	1950
2	3	Oct	1950
2	4	Nov	1950
3	1	Jan	1951
3	2	Mar	1951
3	3	May	1951
3	4	Jun/Jul	1951
4	1	Sep	1951
(Numbering error - actually V. 3 No. 5)			
3	6	Oct	1951
3	7	Dec	1951
3	5	Jan	1952
(Numbering error - actually V. 4 No. 1; whole number on spine is 13, but correctly identified as No. 16 on contents page.)			
4	2	Mar	1952
4	3	Apr	1952
4	4	Jun	1952
4	5	Jul	1952
4	6	Aug	1952
4	7	Oct	1952
4	8	Nov	1952
4	9	Dec	1952
5	1	Jan	1953
5	2	Feb	1953
5	3	Mar	1953
5	4	Apr	1953
5	5	May	1953
5	6	Jun	1953
5	7	Jul	1953

OUT OF THIS WORLD. No. 1-2. (1954)-(1955).
London, John Spencer & Co.

    Editor: Not identified
    Note: Tuck's Encyclopedia of Science Fiction and Fantasy, Vol. 3, identifies the editor as "John S. Manning, (Pseudonym for Michael Nahum and Sol de Salle)."
    Code: OTW.
    Indexed in: Strauss, SFBRI.

Issue Checklist:

		Out of This World	
1			(1954)
2			(1955)

OUT OF THIS WORLD ADVENTURES. V. 1 No. 1-2. Jul.-Dec. 1950.
New York, Avon Periodicals, Inc.

    Editor: Donald A. Wollheim.
    Code: OTWA.
    Indexed in: Day, SFBRI.

Issue Checklist:

		Out of This World Adventures	
1	1	Jul	1950
1	2	Dec	1950

OUTLANDS, A MAGAZINE FOR ADVENTUROUS MINDS. No. 1.
    win. 1946.
    Liverpool, Outlands Publications.

    Editor: Not Identified (Nicholl's Science Fiction Encyclopedia identifies Leslie T. Johnson as editor.)
    Code: OUT.
    Indexed in: SFBRI.

Issue Checklist:

```
    Outlands
    (1)    win      1946
```

PHANTOM. V. 1 No. 1-16. 1957-1958.
    Bolton, Pennine Publications, Ltd.

    Editor: Leslie Syddall
    Publisher varies: No. 1-12, Dalrow Publications, Ltd.; No. 14-16, Pennine Publications, Ltd.
    Code: PNM.
    Indexed in: Strauss.

Issue Checklist:

```
    Phantom
1    1              1957
1    2    May       1957
1    3    Jun       1957
1    4    Jul       1957
1    5    Aug       1957
1    6    Sep       1957
1    7    Oct       1957
1    8    Nov       1957
1    9    Dec       1957
1   10    Jan       1958
1   11    Feb       1958
1   12    Mar       1958
1   13    Apr       1958
1   14    May       1958
1   15    Jun       1958
1   16    Jul       1958
```

PLANET STORIES. V. 1-6 No. 11. win. 1939-sum. 1955.
    Stamford, CT., Love Romances Publishing Co., Inc.

    Editor: win. 1939-sum. 1942, Malcolm Reiss; fal. 1942-fal. 1945, W. Scott Peacock; win. 1945-sum. 1946, Chester Whitehorn; fal. 1946-spr. 1950, Paul L. Payne; sum. 1950-Jul. 1951, Jerome Bixby; Sep. 1951-sum. 1955, Jack O'Sullivan.
    Publisher Varies: win. 1939-sum. 1942, Love Romances, Inc.; fal. 1942-sum. 1955, Love Romances Publishing Co., Inc.
    Code: PS.
    Indexed in: Day, Strauss, Metcalf, SFBRI.

Issue Checklist:

```
    Planet Stories
1    1    win       1939
1    2    spr       1940
1    3    sum       1940
1    4    fal       1940
1    5    win       1940/41
1    6    spr       1941
1    7    sum       1941
1    8    fal       1941
1    9    win       1941/42
1   10    spr       1942
1   11    sum       1942
1   12    fal       1942
2    1    win       1942/43
2    2    Mar       1943
2    3    May       1943
2    4    fal       1943
2    5    win       1943
2    6    spr       1944
2    7    sum       1944
2    8    fal       1944
2    9    win       1944
2   10    spr       1945
2   11    sum       1945
2   12    fal       1945
3    1    win       1945
3    2    spr       1946
3    3    sum       1946
3    4    fal       1946
3    5    win       1946
3    6    spr       1946/47
3    7    sum       1947
3    8    fal       1947
3    9    win       1947
3   10    spr       1947/48
3   11    sum       1948
3   12    fal       1948
4    1    win       1948
4    2    spr       1949
4    3    sum       1949
4    4    fal       1949
4    5    win       1949
4    6    spr       1950
4    7    sum       1950
4    8    fal       1950
4    9    Nov       1950
4   10    Jan       1951
4   11    Mar       1951
4   12    May       1951
5    1    Jul       1951
5    2    Sep       1951
5    3    Nov       1951
5    4    Jan       1952
5    5    Mar       1952
5    6    May       1952
5    7    Jul       1952
5    8    Sep       1952
5    9    Nov       1952
5   10    Jan       1953
     (V. 5 No. 8 on spine)
5   11    Mar       1953
     (V. 6 No. 8 on spine)
5   12    May       1953
6    1    Jul       1953
6    2    Sep       1953
6    3    Nov       1953
6    4    Jan       1954
6    5    Mar       1954
6    6    May       1954
6    7    sum       1954
6    8    fal       1954
6    9    win       1954/55
6   10    spr       1955
6   11    sum       1955
     (V. 6 No. 12 on spine)
```

RIGEL SF. No. 1-   . sum. 1981-
    Richmond, Calif., Aesir Press.

    Editor: Eric Vinicoff.
    Code:
    Indexed in: NESFA.

Issue Checklist:

	Rigel SF		
1		sum	1981
2		fal	1981
3		win	1982
4		spr	1982
5		fal	1982
6		win	1982

ROCKET STORIES. V. 1 No. 1-3. Apr.-Sep. 1953.
New York, Space Publications, Inc.

Editor: Wade Kaempfert.
Code: RKS.
Indexed in: Strauss, Metcalf, SFBRI.

Issue Checklist:

	Rocket Stories		
1	1	Apr	1953
1	2	Jul	1953
1	3	Sep	1953

ROD SERLING'S THE TWILIGHT ZONE MAGAZINE. V. 1-
Apr. 1981-
New York, TZ Publications, Inc.

Editor: T. E. D. Klein
Indexed in: TWACI, NESFA, SFBRI.

Issue Checklist

1	1	Apr	1981
1	2	May	1981
1	3	Jun	1981
1	4	Jul	1981
1	5	Aug	1981
1	6	Sep	1981
1	7	Oct	1981
1	8	Nov	1981
1	9	Dec	1981
1	10	Jan	1982
1	11	Feb	1982
1	12	Mar	1982
2	1	Apr	1982
2	2	May	1982
2	3	Jun	1982
2	4	Jul	1982
2	5	Aug	1982
2	6	Sep	1982
2	7	Oct	1982
2	8	Nov	1982

(V. 2 No. 9 not published)

2	10	Dec	1982

S. F. DIGEST. No. 1. 1976.
London, New English Library, Ltd.

Editor: Julie Davis.
Code: SFDIG.
Indexed in: NESFA, SFBRI.

Issue Checklist:

	S. F. Digest	
1		1976

S F GREATS. No. 1-21. 1965-spr. 1971.
Flushing, New York, Ultimate Publishing Co.,

Editor: spr.-sum. 1968, Harry Harrison; others not identified.
Subtitle varies: Issue 1, 3, 5: Great Science Fiction from Amazing; issues 3, 4: Great Science Fiction from Fantastic.
Code: SFG.
Indexed in: Strauss, Metcalf, NESFA.

Issue Checklist:

	Great Science Fiction Magazine		
1			1965
2			1966
3			1966
4			1966
5			1966
6			1967
7			1967
8		fal	1967
9		win	1968
10		spr	1968
11		sum	1968
12		fal	1968
	Science Fiction Greats		
13		win	1969
14		spr	1969
15		sum	1969
16		win	1969
17		spr	1970
	S. F. Greats		
18		sum	1970
19		fal	1970
20		win	1970
21		spr	1971

S F IMPULSE. V. 1 No. 1-12. Mar. 1966-Feb. 1967.
London, Roberts and Vinter, Ltd.

Editor: Mar. 1966-Sep. 1966, Kyril Bonfigioli; Oct. 1966-Feb. 1967, Harry Harrison.
Code: SFI.
Indexed in: NESFA, SFBRI.

Issue Checklist:

	Impulse		
1	1	Mar	1966
1	2	Apr	1966
1	3	May	1966
1	4	Jun	1966
1	5	Jul	1966
	S. F. Impulse		
1	6	Aug	1966
1	7	Sep	1966
1	8	Oct	1966
1	9	Nov	1966
1	10	Dec	1966
1	11	Jan	1967
1	12	Feb	1967

SATELLITE SCIENCE FICTION. V. 1-3 No. 6. Oct. 1956-May 1959.
New York, Renown Publications, Inc.

Editor: Oct.-Dec. 1956, Sam Merwin Jr.; Feb. 1957-June 1957, Leo Margulies; Aug. 1957-May 1959, Cylvia Kleinman.
Code: SAT.
Indexed in: Strauss, Metcalf, SFBRI.

Issue Checklist:

	Satellite Science Fiction		
1	1	Oct	1956
1	2	Dec	1956
1	3	Feb	1957
1	4	Apr	1957

1	5	Jun	1957
1	6	Aug	1957
2	1	Oct	1957
2	2	Dec	1957
2	3	Feb	1958
2	4	Apr	1958
2	5	Jun	1958
2	6	Aug	1958
3	1	Oct	1958
3	2	Dec	1958
3	3	Feb	1959
3	4	Mar	1959
3	5	Apr	1959
3	6	May	1959

SATURN SCIENCE FICTION AND FANTASY. V. 1 No. 1-5. Mar. 1957-Mar. 1958.
Holyoke, Mass., Candar Publishing Co., Inc.

    Editor: Robert C. Sproul.
    Note: Appears to have continued to June 1965 (V. 5, No. 2) under other titles. (K. J.)
    Code: SRN.
    Indexed in: Strauss, Metcalf, SFBRI, Cook.

Issue Checklist:

Saturn the Magazine of Science Fiction
1	1	Mar	1957

Saturn, Magazine of Fantasy and Science Fiction
1	2	May	1957

Saturn, Magazine of Science Fiction and Fantasy
1	3	Jul	1957
1	4	Oct	1957
1	5	Mar	1958

SATURN, MAGAZINE OF FANTASY AND SCIENCE FICTION
    See: Saturn Science Fiction and Fantasy

SCIENCE FANTASY. V. 1 No. 1 (i. e. No. 1)-V. 24 No. 81 (i. e. No. 81). sum. 1950-Feb. 1966.
London, Roberts and Vinter, Ltd.

    Editor: sum. 1950-win. 1950/51, Walter Gillings; win. 1951/52-1964, John Carnell; Jun./Jul. 1964-Feb. 1966, Kyril Bonfigioli.
    Publisher varies: sum. 1950-1964, Nova Publications; Jun./Jul. 1964-1966, Roberts and Vinter, Ltd.
    Code: SCF.
    Indexed in: Strauss, Metcalf, SFBRI, NESFA.

Issue Checklist:

Science-Fantasy
1	1	sum	1950
1	2	win	1950/51
1	3	win	1951/52
2	4	spr	1952
2	5	aut	1952
2	6	spr	1953
3	7	(Mar)	1954
3	8	May	1954
3	9	Jul	1954
4	10	Sep	1954
4	11	Dec	1954
4	12	Feb	1955
5	13	Apr	1955
5	14	Jun	1955
5	15	Sep	1955
6	16	Nov	1955

(V. 5 No. 16 on cover)

6	17	Feb	1956
6	18	May	1956
7	19	Aug	1956
7	20	Dec	1956
7	21	Feb	1957
8	22	Apr	1957
8	23	Jun	1957
8	24	Aug	1957
9	25	Oct	1957
9	26	Dec	1957
9	27	Feb	1958
10	28	Apr	1958
10	29	Jun	1958
10	30	Aug	1958
11	31	Oct	1958
11	32	Dec	1958
11	33	Feb	1959
12	34	Apr	1959

(V. 11 No. 34 on title page)

12	35	Jun	1959
12	36	Aug	1959
13	37	Nov	1959
13	38	Dec	1959
13	39	Feb	1960
14	40	Apr	1960
14	41	Jun	1960
14	42	Aug	1960
15	43	Oct	1960
15	44	Dec	1960
15	45	Feb	1961
16	46	Apr	1961
16	47	Jun	1961
16	48	Aug	1961
17	49	Oct	1961
17	50	Dec	1961
17	51	Feb	1962
18	52	Apr/May	1962
18	53	Jun	1962
18	54	Aug	1962
19	55	Oct	1962
19	56	Dec	1962
19	57	Feb	1963
20	58	Apr	1963
20	59	Jun	1963
20	60	Aug	1963
21	61	Oct	1963
21	62	Dec	1963
21	63	Feb	1964
22	64	Apr	1964
22	65	Jun/Jul	1964
22	66	Jul/Aug	1964
22	67	Sep/Oct	1964
22	68	Dec/Jan	1964/65
23	69	Jan/Feb	1965
23	70	Mar	1965
23	71	Apr	1965
23	72	May	1965
24	73	Jun	1965
24	74	Jul	1965
24	75	Aug	1965
24	76	Sep	1965
24	77	Oct	1965
24	78	Nov	1965
24	79	Dec	1965
24	80	Jan	1966
24	81	Feb	1966

SCIENCE FANTASY

SCIENCE FANTASY. No. (1)- 4. 1970-spr. 1971.
   Flushing, New York, Ultimate Publishing Co.

   Editor: Not identified.
   Exclusively reprints.
   Code: SFB.
   Indexed in: NESFA.

Issue Checklist

   Science Fantasy Yearbook
   (1)   1970
   Science Fantasy
   2   fal   1970
   3   win   1971
   4   spr   1971

SCIENCE FANTASY YEARBOOK
   See: Science Fantasy (1970-1971)

SCIENCE FICTION. V. 1-2 No. 6. Mar. 1939-Sep.
   1941.
   Holyoke, Mass., Columbia Publications, Inc.

   Editor: Mar. 1939-Jun. 1941, Charles D.
Hornig; Sep. 1941, Robert A. W. Lowndes.
   Publisher varies: Mar.-Dec. 1939, Blue
Ribbon Magazines; Mar. 1940-Jan. 1941, Double
Action Magazines; Mar. 1941-Sep. 1941,
Columbia Publications.
   Code: SF.
   Indexed in: Day, SFBRI.

Issue Checklist:

   Science Fiction
   1   1   Mar   1939
   1   2   Jun   1939
   1   3   Aug   1939
   1   4   Oct   1939
   1   5   Dec   1939
   1   6   Mar   1940
   2   1   Jun   1940
   2   2   Oct   1940
   2   3   Jan   1941
   2   4   Mar   1941
   2   5   Jun   1941
   2   6   Sep   1941

SCIENCE FICTION ADVENTURE CLASSICS. No. 1-8,
   12-[33]. 1967-Nov. 1974.
   Flushing, New York, Ultimate Publishing Co.

   Editor: No. 1-5, Jack Lester; No.
6-[33], not identified.
   Publisher varies: No. 1-3, Magazine
Productions; No. 4-[33], Ultimate Publishing
Co.
   Note: Exclusively reprints.
   Code: SFAC.
   Indexed in: NESFA.

Issue Checklist:

   Science Fiction Classics
   1   1967
   2   fal   1967
   3   win   1967
   4   spr   1968
   5   sum   1968
   6   fal   1968
   Science Fiction Adventure Classics
   7   win   1969
   8   fal   1969
   (No. 9-11 not published)
   12   win   (1970)
   13   spr   1971
   14   sum   1971
   15   fal   1971
   16   Jan   1972
   17   Mar   1972
   18   May   1972
   19   Jul   1972
         Sep   1972
         Nov   1972
   Science Fiction Adventures
         Jan   1973
         Mar   1973
         May   1973
   Science Fiction Adventures Classics
         Jul   1973
         Sep   1973
         Nov   1973
         Jan   1974
         Mar   1974
         May   1974
         Jul   1974
   Science Fiction Adventures
         Sep   1974
         Nov   1974

SCIENCE FICTION ADVENTURES. V. 1-2 No. 3. Nov.
   1952-May. 1954.
   New York, Future Publications, Inc.

   Editor: Nov. 1952-Sep. 1953, Philip St.
John; Dec. 1953-May 1954, Harry Harrison.
   Publisher varies: Nov. 1952, Science
Fiction Publications, Inc.; Feb. 1953-May
1954, Future Publications.
   Code: SFA.
   Indexed in: Strauss, Metcalf, SFBRI.

Issue Checklist:

   Science Fiction Adventures
   1   1   Nov   1952
   1   2   Feb   1953
   1   3   Mar   1953
   1   4   May   1953
   1   5   Jul   1953
   1   6   Sep   1953
   2   1   Dec   1953
   2   2   Feb   1954
   (Dated March on cover and spine)
   2   3   May   1954

SCIENCE FICTION ADVENTURES. V. 1-2 No. 6. Dec.
   1956-Jun. 1958.
   New York, Royal Publications, Inc.

   Editor: Larry T. Shaw.
   Note: The first issue was numbered V. 1.
No. 6 for "business reasons," which were not
successful, so numbering was corrected with
the second issue.
   Code: SFAD.
   Indexed in: Strauss, Metcalf, SFBRI.

Issue Checklist:

   Science Fiction Adventures
   1   6   Dec   1956
   (Numbering inconsistency - actually
   first issue)
   1   2   Feb   1957
   1   3   Apr   1957
   1   4   Jun   1957

1	5	Aug	1957
1	6	Sep	1957
2	1	Oct	1957
2	2	Dec	1957
2	3	Jan	1958
2	4	Mar	1958
2	5	Apr	1958
2	6	Jun	1958

SCIENCE FICTION ADVENTURES. V. 1-6 No. 32. Mar. 1958-May 1963.
London, Nova Publications, Ltd.

    Editor: John Carnell.
    Note: Issues 1-5 were reprints of the U. S. Science Fiction Adventures.)
    Code: SFAB.
    Indexed in: Strauss, Metcalf, SFBRI.

Issue Checklist:

Science Fiction Adventures

1	1	Mar	1958
1	2	May	1958
1	3	Jul	1958
1	4	Sep	1958
1	5	Nov	1958
1	6	Jan	1959
2	7	Mar	1959
2	8	May	1959
2	9	Jul	1959
2	10	Oct	1959
2	11	Nov	1959
2	12	Dec	1959
3	13	Feb	1960
3	14	May	1960
3	15	Jul	1960
3	16	Sep	1960
3	17	Nov	1960
3	18	Jan	1960
4	19	Mar	1961
4	20	May	1961
4	21	Jul	1961
4	22	Sep	1961
4	23	Nov	1961
4	24	Jan	1962
5	25	Mar	1962

(Misnumbered V. 4 on contents page)

5	26	May	1962
5	27	Jul	1962
5	28	Sep	1962
5	29	Nov	1962
5	30	Jan/Feb	1963
6	31	Mar	1963
6	32	May	1963

SCIENCE FICTION ADVENTURES YEARBOOK. No. (1). 1970.
    Flushing, New York, Ultimate Publishing Co.

    Editor: Not identified.
    Code: SAY.
    Indexed in: NESFA.

Issue Checklist:

Science Fiction Adventures Yearbook
    (1)   1970

SCIENCE FICTION CLASSICS
    See: Science Fiction Adventure Classics

SCIENCE FICTION CLASSICS ANNUAL. No. 1. 1970.
    Flushing, New York, Ultimate Publishing Co.

    Editor: Not identified.
    Code: SCA.
    Indexed in: NESFA.

Issue Checklist:

Science Fiction Classics Annual
    (1)   1970

SCIENCE FICTION DIGEST. V. 1 No. 1-2. 1954.
New York, Specific Fiction Corp.

    Editor: Chester Whitehorn.
    Code: SFD.
    Indexed in: Strauss, Metcalf, SFBRI.

Issue Checklist:

Science Fiction Digest

1	1	(Feb)	1954
1	2	(May)	1954

SCIENCE FICTION DIGEST. No. 1-4. Oct/Nov. 1981-Sep/Oct. 1982.
New York, Davis Publications.

    Editor: Shawna McCarthy.
    Code:
    Indexed in: NESFA, SFBRI.

Issue Checklist:

Science Fiction Digest

(1)	(1)	Oct/Nov	1981
1	2	Jan/Feb	1982
1	3	May/Jun	1982
1	4	Sep/Oct	1982

SCIENCE FICTION FORTNIGHTLY
    See: Authentic Science Fiction

SCIENCE FICTION GREATS
    See: S. F. Greats

SCIENCE FICTION MONTHLY. V. 1-V. 3 No. 4. 1974-1976.
London, New English Library, Ltd.

    Editor: Patricia Hornsey.
    Code: SFM.
    Indexed in: SFBRI, NESFA.

Issue Checklist:

Science Fiction Monthly

1	1	1974
1	2	1974
1	3	1974
1	4	1974
1	5	1974
1	6	1974
1	7	1974
1	8	1974
1	9	1974
1	10	1974
1	11	1974
1	12	1974
2	1	1974

(Numbering error - actually 1975)

2	2	1975
2	3	1975
2	4	1975
2	5	1975
2	6	1975

SCIENCE FICTION MONTHLY

```
    2    7              1975
    2    8              1975
    2    9              1975
    2   10              1975
    2   11              1975
    2   12              1975
    3    1              1976
    3    2              1976
    3    3              1976
    3    4              1976
```

SCIENCE FICTION MONTHLY
　　See: Authentic Science Fiction

SCIENCE FICTION PLUS. V. 1 No. 1-7. Mar.-Dec. 1953:
　　Philadelphia, Gernsback Publications, Inc.

　　　　Editor: Hugo Gernsback.
　　　　Code: SFP.
　　　　Indexed in: Strauss, Metcalf, SFBRI.

　　Issue Checklist:

```
    Science Fiction Plus
    1    1    Mar    1953
    1    2    Apr    1953
    1    3    May    1953
    1    4    Jun    1953
    1    5    Aug    1953
    1    6    Oct    1953
    1    7    Dec    1953
```

SCIENCE FICTION QUARTERLY. No. 1-10. sum. 1940-spr. 1943.
　　Holyoke, Mass., Columbia Publications, Inc.

　　　　Editor: sum. 1940-win. 1941/42, C. D. Hornig; spr. 1941-spr. 1943, Robert W. Lowndes.
　　　　Publisher varies: sum. 1940, Double Action Magazines, Inc.; win. 1941-spr. 1943, Columbia Publications, Inc.
　　　　Code: SFQ.
　　　　Indexed in: Day, SFBRI.

　　Issue Checklist:

```
    Science Fiction Quarterly
    1    sum    1940
    2    win    1941
    3    spr    1941
    4    sum    1941
    5    win    1941/42
    6    spr    1942
    7    sum    1942
    8    fal    1942
    9    win    1942
   10    spr    1943
```

SCIENCE FICTION QUARTERLY. V. 1-5 No. 4. May 1951-Feb. 1958.
　　Holyoke, Mass., Columbia Publications, Inc.

　　　　Editor: Robert A. W. Lowndes.
　　　　Code: SFIQ.
　　　　Indexed in: Strauss, Metcalf, SFBRI.

　　Issue Checklist:

```
    Science Fiction Quarterly
    1    1    May    1951
    1    2    Aug    1951
    1    3    Nov    1951
    1    4    Feb    1952
    1    5    May    1952
    1    6    Aug    1952
    2    1    Nov    1952
    1    2    Feb    1953
      (Numbering error; actually V. 2)
    2    3    May    1953
    2    4    Aug    1953
    2    5    Nov    1953
    2    6    Feb    1954
    3    1    May    1954
    3    2    Aug    1954
    3    3    Nov    1954
    3    4    Feb    1955
    3    5    May    1955
    3    6    Aug    1955
    4    1    Nov    1955
    4    2    Feb    1956
    4    3    May    1956
    4    4    Aug    1956
    4    5    Nov    1956
    4    6    Feb    1957
    5    1    May    1957
    5    2    Aug    1957
    5    3    Nov    1957
    5    4    Feb    1958
```

SCIENCE FICTION STORIES. V. 1-3 No. 5. Nov. 1939-Jul. 1943.
　　Holyoke, Columbia Publications, Inc.

　　　　Editor: Nov. 1939-Nov. 1940, Charles D. Horning; Apr. 1941-Jul. 1943, Robert A. W. Lowndes.
　　　　Publisher varies: Nov. 1939, Blue Ribbon Magazines, Inc.; Mar. 1940-Nov. 1940, Double Action Magazines, Inc.; Apr. 1941-Jul. 1943, Columbia Publications, Inc.
　　　　Code: SFS.
　　　　Indexed in: Day, SFBRI.

　　Issue Checklist:

```
    Future Fiction
    1    1    Nov    1939
    1    2    Mar    1940
    1    3    Jul    1940
    1    4    Nov    1940
    1    5    Apr    1941
    1    6    Aug    1941
    Future Combined With Science Fiction
    2    1    Oct    1941
    2    2    Dec    1941
    2    3    Feb    1942
    2    4    Apr    1942
    2    5    Jun    1942
    2    6    Aug    1942
    Future Fantasy and Science Fiction
    3    1    Oct    1942
    3    2    Dec    1942
    3    3    Feb    1943
    Science Fiction Stories
    3    4    Apr    1943
    3    5    Jul    1943
```

SCIENCE FICTION STORIES. No. (1)-2. 1953-1954.
　　Holyoke, Mass., Columbia Publications, Inc.

　　　　Editor: Robert A. W. Lowndes.
　　　　Code: OSFS.
　　　　Indexed in: Strauss, Metcalf, SFBRI.

　　Issue Checklist:

Science Fiction Stories
    (1)   1953
     2   1954

SCIENCE FICTION STORIES. V. 5 No. 4 - V. 11
    No. 4. Jan. 1955-win. 1963.
    Holyoke, Mass., Columbia Publications, Inc.

    Editor: Robert A. W. Lowndes.
    Note: Assumed volume numbering of Future
Science Fiction.
    Note: The cover title of the magazine
had the phrase "The Original" added after
Sep. 1955, but this was not a title change,
since the masthead title remained Science
Fiction Stories, and the editor noted in the
letter column that this was not a title
change.
    Note: The last three issues listed, Vol.
11, No. 2A-4, were published by SF Times,
Inc., and edited by Ray Van Houten. These
issues were at best semi-professional, with
no payment for contributions. Since SF
Times, Inc. appears to have purchased the
rights to the title, according to Tuck in his
Encyclopedia of Science Fiction and Fantasy,
Vol. 3, p. 589, and since the volume and
issue numbering are consistent, the issues
are listed here for completness of
information.
    Code: OSFS.
    Indexed in: Strauss, Metcalf, SFBRI.

Issue Checklist:

    Science Fiction Stories
5   4   Jan   1955
5   5   Mar   1955
5   6   May   1955
6   1   Jul   1955
6   2   Sep   1955
6   3   Nov   1955
6   4   Jan   1956
6   5   Mar   1956
6   6   May   1956
7   1   Jul   1956
7   2   Sep   1956
7   3   Nov   1956
7   4   Jan   1957
7   5   Mar   1957
7   6   May   1957
8   1   Jul   1957
8   2   Sep   1957
8   3   Nov   1957
8   4   Jan   1958
8   5   Mar   1958
8   6   May   1958
8   7   Jun   1958
9   1   Jul   1958
9   2   Aug   1958
9   3   Sep   1958
9   4   Nov   1958
9   5   Jan   1959
9   6   Feb   1959
10   1   Mar   1959
10   2   May   1959
10   3   Jul   1959
10   4   Sep   1959
10   5   Nov   1959
10   6   Jan   1960
11   1   Mar   1960
11   2   May   1960
    The Original SF Stories
11   2A   Dec   1961
11   3   win   1962
11   4   win   1963

SCIENCE FICTION YEARBOOK. No. 1-5. 1967-1971.
    New York, Popular Library.

    Editor: 1967-1969, Helen Tono;
1970, Sharon Moore; 1971, Anne Keffer.
    Code: SFY.
    Indexed in: NESFA, SFBRI.

Issue Checklist:

    S F Yearbook; A Treasury of Science
    Fiction
1   1967
    Science Fiction Yearbook
2   1968
3   1969
4   1970
5   1971

SCIENCE STORIES. No. 1-4. Oct. 1953-Apr. 1954.
    Evanston, Ill., Palmer Publications, Inc.

    Editor: Ray Palmer and Bea Mahaffey.
    Publisher varies: Oct. 1953, Bell
Publications; Dec. 1953-Apr. 1954, Palmer
Publications, Inc.
    Code: SST.
    Indexed in: Strauss, Metcalf, SFBRI.

Issue Checklist:

    Science Stories
1   Oct   1953
2   Dec   1953
3   Feb   1954
4   Apr   1954

SCIENCE WONDER QUARTERLY
    See: Wonder Stories Quarterly

SCIENCE WONDER STORIES
    See: Thrilling Wonder Stories

SCIENTIFIC DETECTIVE MONTHLY
    See: Amazing Detective Tales

SCOOPS. V. 1 No. 1-20. Feb. 10, 1934- Jun. 23,
    1934.
    London, C. Arthur Pearson, Ltd.

    Editor: Haydn Dimmock.
    Code: SCP.
    Indexed in: ASFA.

Issue Checklist:

    Scoops
1   1   Feb 10   1934
1   2   Feb 17   1934
1   3   Feb 24   1934
1   4   Mar 3   1934
1   5   Mar 10   1934
1   6   Mar 17   1934
1   7   Mar 24   1934
1   8   Mar 31   1934
1   9   Apr 7   1934
1   10   Apr 14   1934
1   11   Apr 21   1934
1   12   Apr 28   1934
1   13   May 5   1934

```
               1      14      May 12      1934
               1      15      May 19      1934
               1      16      May 26      1934
               1      17      Jun  2      1934
               1      18      Jun  9      1934
               1      19      Jun 16      1934
               1      20      Jun 23      1934
```

THE SCORPION. V. 1 No. 1. Apr/May 1939.
   Popular Publications, Inc.

   Editor: Not identified.
   Note: Facsimile editions only issues seen.
   Note: Not seen. Data supplied by Kenneth R. Johnson.

   Indexed in:

   Issue Checklist:

```
       The Scorpion
   1      1      Apr/May      1939
```

SHOCK. V. 1-   . Mar. 1948-   .
   Chicago, New Publications, Inc.

   Editor: Not identified.
   Note: Tuck's Encyclopedia of Science Fiction and Fantasy, Vol. 3, notes there were 3 or 4 issue.
   Indexed in:

   Issue Checklist:

```
       Shock
   1      1      Mar      1948
   1      2      May      1948
```

SHOCK. V. 1 No. 1-3. May-Sep. 1960.
   New York, Winston Publications, Inc.

   Editor: Not identified.
   Note: Data on Shock Mystery Tales supplied by K. J.
   Code: SHK.
   Indexed in: Strauss, Metcalf, SFBRI, Cook.

   Issue Checklist:

```
       Shock
   1      1      May      1960
   1      2      Jul      1960
   1      3      Sep      1960
       Shock Mystery Tales Magazine
   2      1      Dec      1961
   2      2      Mar      1962
   2      3      May      1962
   2      4      Jul      1962
                 Oct      1962
```

SKYWORLDS. V. 1 No. 1-4. Nov. 1977-Aug. 1978.
   Rockville Center, N. Y., Humorama, Inc.

   Editor: Not identified.
   Note: Not seen. Data supplied by Kenneth R. Johnson.

   Indexed in: TWACI

   Issue Checklist:

```
       Skyworlds
   1      1      Nov      1977
   1      2      Feb      1978
   1      3      May      1978
   1      4      Aug      1978
```

SPACE ADVENTURES. No. 9-14. win. 1970-sum. 1971.
   Flushing, N.Y., Ultimate Publishing Co.

   Editor: Not identified.
   Issues No. 1-8 not published under this title. Numbering was continued from other Ultimate reprint titles. Chronologically, numbering was probably continued from Science Fiction Adventure Classics.
   Code: SPV.
   Indexed in: NESFA, SFBRI.

   Issue Checklist:

```
       Space Adventures (Classics)
       (No. 1-8 not published)
       9           win      1970
       10          spr      1970
       Space Adventures
       11          sum      1970
       12          win      1970
       13          spr      1971
       14          sum      1971
```

SPACE ADVENTURES (CLASSICS)
   See: Space Adventures

SPACE SCIENCE FICTION. V. 1-2 No.2. May 1952-Sep. 1953.
   New York, Space Publications, Inc.

   Editor: Lester del Rey.
   Code: SPF.
   Indexed in: Strauss, Metcalf, SFBRI.

   Issue Checklist:

```
       Space Science Fiction
   1      1      May      1952
   1      2      Sep      1952
   1      3      Nov      1952
   1      4      Feb      1953
   1      5      Mar      1953
   1      6      May      1953
   2      1      Jul      1953
   2      2      Sep      1953
```

SPACE SCIENCE FICTION MAGAZINE. V. 1 No. 1-2.
      spr.-Aug. 1957.
   New York, Republic Features Syndicate, Inc.

   Editor: Lyle Kenyon Engel.
   Cover Title: Space Science Fiction.
   Code: SSM.
   Indexed in: Strauss, Metcalf, SFBRI.

   Issue Checklist:

```
       Space Science Fiction Magazine
   1      1      spr      1957
   1      2      Aug      1957
```

SPACE STORIES. V. 1-2 No. 2. Oct. 1952-Jun. 1953.
Kokomo, IN., Standard Magazines, Inc.

    Editor: Samuel Mines.
    Code: SPS.
    Indexed in: Strauss, Metcalf, SFBRI.

Issue Checklist:

    Space Stories
1	1	Oct	1952
1	2	Dec	1952
1	3	Feb	1953
2	1	Apr	1953
2	2	Jun	1953

SPACE TRAVEL. (V. 1)-5 No. 6. Sep. 1954-Nov. 1958.
Evanston, Ill., Greenleaf Publishing Co.

    Editor: W. L. Hamling.
    Code: SPT.
    Indexed in: Strauss, Metcalf, SFBRI.

Issue Checklist:

    Imaginative Tales
	1	Sep	1954
	2	Nov	1954
1	3	Jan	1955
1	4	Mar	1955
1	5	May	1955
1	6	Jul	1955
2	1	Sep	1955
2	2	Nov	1955
3	1	Jan	1956
3	2	Mar	1956
3	3	May	1956
3	4	Jul	1956
3	5	Sep	1956
3	6	Nov	1956
4	1	Jan	1957
4	2	Mar	1957
4	3	May	1957
4	4	Jul	1957
4	5	Sep	1957
4	6	Nov	1957
5	1	Jan	1958
5	2	Mar	1958
5	3	May	1958

    Space Travel
5	4	Jul	1958
5	5	Sep	1958
5	6	Nov	1958

SPACEWAY SCIENCE FICTION. V. 1-5 No. 1. Dec. 1953-Jun. 1970.
Alhambra, CA., Fantasy Publishing Co., Inc. (FPCI).

    Editor: William L. Crawford.
    Suspended: 1955-1968.
    Code: SPW.
    Indexed in: Strauss, Metcalf, NESFA, SFBRI.

Issue Checklist:

    Spaceway Stories of the Future
1	1	Dec	1953
1	2	Feb	1954
1	3	Apr	1954
2	1	Jun	1954

    Spaceway Science Fiction
2	2	Dec	1954
2	3	Feb	1955
3	1	Apr	1955
3	2	Jun	1955
4	1	Jan	1969
4	2	May/Jun	1969
4	3	Sep/Oct	1969
5	1	May/Jun	1970

SPACEWAY STORIES OF THE FUTURE
    See: Spaceway Science Fiction

STAR SCIENCE FICTION. V. 1 No. 1. Jan. 1958.
Derby, Conn., Ballantine Magazines, Inc.

    Editor: Frederik Pohl.
    Code: STR.
    Indexed in: Strauss, Metcalf, SFBRI.

Issue Checklist:

    Star Science Fiction
| 1 | 1 | Jan | 1958 |

STARTLING MYSTERY STORIES. V. 1-3 No. 5. sum. 1966-Mar. 1971.
New York, Health Knowledge, Inc.

    Editor: Robert A. W. Lowndes.
    Code: SMS.
    Indexed in: NESFA, SFBRI.

Issue Checklist:

    Startling Mystery Stories
1	1	sum	1966
1	2	fal	1966
1	3	win	1966/67
1	4	spr	1967
1	5	sum	1967
1	6	fal	1967
2	1	win	1967
2	2	spr	1968
2	3	sum	1968
2	4	fal	1968
2	5	win	1968/69
2	6	spr	1969
3	1	sum	1969
3	2	win	1969
3	3	spr	1970
3	4	sum	1970
3	5	fal	1970
3	6	Mar	1971

STARTLING STORIES. V. 1-33 No. 3. Jan. 1939-fal. 1955.
Kokomo, IN., Standard Magazines, Inc.

    Editor: (Jan. 1939-May 1941, Mort Weisinger; Jul. 1941-fal. 1944, Oscar J. Friend; win. 1945-Sep. 1951, Sam Merwin); Nov. 1951-fal. 1954, Samuel Mines; win.-fal. 1955, not identified. (Nicholl's Science Fiction Encyclopedia identifies Alex Samalman as editor in 1955.)
    Publisher varies: Jan. 1939-win. 1955, Better Publications, Inc.; spr. 1955-fal. 1955, Standard Magazines, Inc.
    Code: STL.
    Indexed in: Day, Strauss, Metcalf, SFBRI.

STARTLING STORIES

Issue Checklist:

Startling Stories

1	1	Jan	1939
1	2	Mar	1939
1	3	May	1939
2	1	Jul	1939
2	2	Sep	1939
2	3	Nov	1939
3	1	Jan	1940
3	2	Mar	1940
3	3	May	1940
4	1	Jul	1940
4	2	Sep	1940
4	3	Nov	1940
5	1	Jan	1941
5	2	Mar	1941
5	3	May	1941
6	1	Jul	1941
6	2	Sep	1941
6	3	Nov	1941
7	1	Jan	1942
7	2	Mar	1942
7	3	May	1942
8	1	Jul	1942
8	2	Sep	1942
8	3	Nov	1942
9	1	Jan	1943
9	2	Mar	1943
9	3	Jun	1943
10	1	fal	1943
10	2	win	1944
10	3	spr	1944
11	1	sum	1944
11	2	fal	1944
11	3	win	1945
12	1	spr	1945
12	2	sum	1945
12	3	fal	1945
13	1	win	1946
13	2	Mar	1946
13	3	spr	1946
14	1	sum	1946
14	2	fal	1946
14	3	Jan	1947
15	1	Mar	1947
15	2	May	1947
15	3	Jul	1947
16	1	Sep	1947
16	2	Nov	1947
16	3	Jan	1948
17	1	Mar	1948
17	2	May	1948
17	3	Jul	1948
18	1	Sep	1948
18	2	Nov	1948
18	3	Jan	1949
19	1	Mar	1949
19	2	May	1949
19	3	Jul	1949
20	1	Sep	1949
20	2	Nov	1949
20	3	Jan	1950
21	1	Mar	1950
21	2	May	1950
21	3	Jul	1950
22	1	Sep	1950
22	2	Nov	1950
22	3	Jan	1951
23	1	Mar	1951
23	2	May	1951
23	3	Jul	1951
24	1	Sep	1951
24	2	Nov	1951
24	3	Jan	1952
25	1	Feb	1952
25	2	Mar	1952
25	3	Apr	1952
26	1	May	1952
26	2	Jun	1952
26	3	Jul	1952
27	1	Aug	1952
27	2	Sep	1952
27	3	Oct	1952
28	1	Nov	1952
28	2	Dec	1952
28	3	Jan	1953
29	1	Feb	1953
29	2	Mar	1953
29	3	Apr	1953
30	1	May	1953
30	2	Jun	1953
30	3	Aug	1953
31	1	Oct	1953
31	2	Jan	1954
31	3	spr	1954
32	1	sum	1954
32	2	fal	1954
32	3	win	1955
33	1	spr	1955
33	2	sum	1955
33	3	fal	1955

STIRRING SCIENCE STORIES. V. 1-2 No. 1. Feb. 1941-Mar. 1942.
New York, Manhattan Fiction Publications.

    Editor: Donald A. Wollheim.
    Publisher varies: Feb.-Jun. 1941, Albing Publications; Mar. 1942, Manhatten Fiction Publications.
    Code: STS.
    Indexed in: Day, SFBRI.

Issue Checklist:

Stirring Science Stories

1	1	Feb	1941
1	2	Apr	1941
1	3	Jun	1941
2	1	Mar	1942

STRANGE ADVENTURES. No. (1-2). 1946-1947.
London, Hamilton and Co.

    Editor: Not identified.
    Code: STA.
    Indexed in: ASFA, SFBRI.

Issue Checklist:

Strange Adventures
(1)   (Nov)   (1946)
(Called Amazing Adventures on contents page)
(2)   (Feb)   (1947)

STRANGE FANTASY. No. 8-13. spr. 1969-fal. 1970.
Flushing, N.Y., Ultimate Publishing Co.

    Editor: Not identified
    No. 1-7 not published.
    Code: STF.
    Indexed in: NESFA, SFBRI.

Issue Checklist:

Strange Fantasy
(No. 1-7 not published)
```
8    spr    1969
9    sum    1969
10   fal    1969
11   spr    1970
12   sum    1970
13   fal    1970
```

STRANGE STORIES. v. 1-5 No. 1. Feb. 1939-Feb. 1941.
New York, Better Publications, Inc.

Editor: Not identified. (Nicholl's Science Fiction Encyclopedia identifies Leo Margulies as editor; Tuck's Encyclopedia of Science Fiction and Fantasy, Vol. 3, identifies the editor as "probably M. Weisinger for all issues.)
Code: SRS.
Indexed in: Cockcroft, SFBRI.

Issue Checklist:

Strange Stories
```
1    1    Feb    1939
1    2    Apr    1939
1    3    Jun    1939
2    1    Aug    1939
2    2    Oct    1939
2    3    Dec    1939
3    1    Feb    1940
3    2    Apr    1940
3    3    Jun    1940
4    1    Aug    1940
4    2    Oct    1940
4    3    Dec    1940
5    1    Feb    1941
```

STRANGE TALES OF MYSTERY AND TERROR. V. 1-3 No. 1. Sep. 1931-Jan. 1933.
New York, Clayton Magazines, Inc.

Editor: Harry Bates.
Code: STT.
Indexed in: SFBRI.

Issue Checklist:

Strange Tales of Mystery and Terror
```
1    1    Sep    1931
1    2    Nov    1931
1    3    Jan    1932
2    1    Mar    1932
2    2    Jun    1932
2    3    Oct    1932
3    1    Jan    1933
```

STRANGEST STORIES EVER TOLD. No. 1. sum. 1970.
Flushing, N.Y., Ultimate Publishing Co.

Editor: Not identified.
Code: SSE.
Indexed in: NESFA, SFBRI.

Issue Checklist:

Strangest Stories Ever Told
```
1    sum    1970
```

SUPER SCIENCE AND FANTASTIC STORIES
See: Super Science Stories

SUPER SCIENCE FICTION. V. 1-3. Dec. 1956-Oct. 1959.
Holyoke, Mass., Headline Publications, Inc.

Editor: W. W. Scott.
Code: SSF.
Indexed in: Strauss, Metcalf, SFBRI.

Issue Checklist:

Super Science Fiction
```
1    1    Dec    1956
1    2    Feb    1957
1    3    Apr    1957
1    4    Jun    1957
1    5    Aug    1957
1    6    Oct    1957
2    1    Dec    1957
2    2    Feb    1958
2    3    Apr    1958
2    4    Jun    1958
2    5    Aug    1958
2    6    Oct    1958
3    1    Dec    1958
3    2    Feb    1959
3    3    Apr    1959
3    4    Jun    1959
3    5    Aug    1959
3    6    Oct    1959
```

SUPER SCIENCE NOVELS MAGAZINE
See: Super Science Stories

SUPER SCIENCE STORIES. V. 1-8 No. 3. Mar. 1940-Aug. 1951.
Kokomo, Ind., Fictioneers, Inc. (subsidiary of Popular Publications, Inc.)

Editor: (Mar. 1940-Aug. 1941, Frederik Pohl; Nov. 1941-May 1943, Alden H. Norton; Jan. 1949-Aug. 1951, Ejler Jakobsson.)
Note: Suspended 1944-1948.
Code: SSS.
Indexed in: Day, Strauss, Metcalf, SFBRI.

Issue Checklist:

Super Science Stories
```
1    1    Mar    1940
1    2    May    1940
1    3    Jul    1940
1    4    Sep    1940
2    1    Nov    1940
2    2    Jan    1941
```
Super Science Novels Magazine
```
2    3    Mar    1941
2    4    May    1941
3    1    Aug    1941
```
Super Science Stories
```
3    2    Nov    1941
3    3    Feb    1942
3    4    May    1942
4    1    Aug    1942
4    2    Nov    1942
4    3    Feb    1943
4    4    May    1943
5    1    Jan    1949
5    2    Apr    1949
5    3    Jul    1949
5    4    Sep    1949
6    1    Nov    1949
6    2    Jan    1950
6    3    Mar    1950
```

SUPER SCIENCE STORIES

```
6    4    May    1950
7    1    Jul    1950
7    2    Sep    1950
7    3    Nov    1950
7    4    Jan    1951
8    1    Apr    1951
8    2    Jun    1951
8    3    Aug    1951
```

SUPER SCIENCE STORIES. No. 1-21. Aug. 1942-Dec. 1945.
   Toronto, Popular Publications, Inc.

   Editor: Not identified.
   Code:
   Indexed in: SFBRI.

Issue Checklist:

```
     Super Science Stories
1    1    Aug    1942
1    2    Oct    1942
1    3    Dec    1942
1    4    Feb    1943
1    5    Apr    1943
1    6    Jun    1943
1    7    Aug    1943
1    8    Oct    1943
1    9    Dec    1943
1    10   Feb    1944
1    11   Apr    1944
1    12   Jun    1944
1    13   Aug    1944
1    14   Oct    1944
     Super Science and Fantastic Stories
1    15   Dec    1944
1    16   Feb    1945
1    17   Apr    1945
1    18   Jun    1945
1    19   Aug    1945
1    20   Oct    1945
1    21   Dec    1945
```

SUSPENSE MAGAZINE. V. 1 No. 1-4. spr. 1951-win. 1952.
   Chicago, Farrell Publishing Co.

   Editor: Theodore Irwin.
   Code: SUS.
   Indexed in: Strauss, Cook.

Issue Checklist:

```
     Suspense
1    1    spr    1951
1    2    sum    1951
1    3    fal    1951
1    4    win    1952
```

SWORD AND SORCERY ANNUAL. No. (1). 1975.
   Flushing, N.Y., Ultimate Publishing Co.

   Editor: Not identified.
   Code:
   Indexed in: NESFA.

Issue Checklist:

```
     Sword and Sorcery Annual
     (1)               1975
```

TALES OF TERROR FROM BEYOND. V. 1 No. 1. sum. 1964.
   Derby, Conn., Charlton Publications, Inc.

   Editor: Patrick Masulli.
   Code:
   Indexed in: SFBRI.

Issue Checklist:

```
     Tales of Terror From the Beyond
1    1    sum    1964
```

TALES OF THE FRIGHTENED. V. 1 NO. 1-2. spr.-Aug. 1957.
   New York, Republic Features Syndicate, Inc.

   Editor: Lyle Kenyon Engel.
   Code: TOF.
   Indexed in: Strauss, Metcalf, SFBRI, Cook.

Issue Checklist:

```
     Tales of the Frightened
1    1    spr    1957
1    2    Aug    1957
```

TALES OF TOMORROW. No. 1-11. 1950-1954.
   London, John Spencer & Co.

   Editor: Not identified.
   Code: TOT.
   Indexed in: Strauss, SFBRI, ASFA (No. 1-10).

Issue Checklist:

```
     Tales of Tomorrow
     (1)         (1950)
     2           (1950)
     3           (1950)
     4           (1952)
     5           (1952)
     6           (1953)
     7           (1953)
     8           (1953)
     9           (1953)
     10          (1954)
     11          (1954)
```

TALES OF WONDER AND SUPER SCIENCE. No. (1)-16. 1937-spr. 1942.
   Kingswood, Eng., The World's Work, Ltd.

   Editor: Walter H. Gillings.
   Code: TOW.
   Indexed in: ASFA, Day, SFBRI.

Issue Checklist:

```
     Tales of Wonder and Super Science
     (1)         (1937)
     2           (1938)
     3    sum    1938
     4    aut    1938
     5    win    1938
     6    spr    1939
     7    sum    1939
     8    aut    1939
     9    win    1939
     10   spr    1940
     11   sum    1940
     12   aut    1940
     13   win    1941
     14   spr    1941
     15   aut    1941
     16   spr    1942
```

TARZAN OF THE APES STORY DIGEST MAGAZINE. V. 1
   No. 1. June 1970.
   n.p., Western Publishing Co., Inc.

   Editor: Chase Craig.
   Note: Not seen. Data supplied by Kenneth R. Johnson.

   Indexed in:

Issue Checklist:

   Tarzan of the Apes Story Digest Magazine
   1   1   Jun   1970

10 STORY FANTASY. V. 1 NO. 1. spr. 1951.
   New York, Avon Periodicals, Inc.

   Editor: Donald A. Wollheim.
   Code: TSF.
   Indexed in: Strauss, Metcalf, SFBRI.

Issue Checklist:

   10 Story Fantasy
   1   1   spr   1951

TERENCE X. O'LEARY'S WAR BIRDS. V. 30 No. 84-86.
   Mar.-June 1935.
   New York: Dell Publishing Co.

   Editor: Not identified.
   Note: Numbering was continued from War Birds.
   Note: Not seen. Data supplied by Kenneth R. Johnson.

   Indexed in:

Issue Checklist:

   Terence X. O'Leary's War Birds
   30   84   Mar   1935
   30   85   Apr   1935
   30   86   Jun   1935

THE THRILL BOOK. V. 1-3 No. 2. Mar.1-Oct. 15, 1919.
   New York, Street and Smith.

   Editor: Mar. 1-June 15, Eugene A. Clancy and Harold Hersey; July 1-Oct. 15, Ronald Oliphant.
   Indexed in: Cockcroft, SFBRI.

Issue Checklist:

   The Thrill Book
   1   1   Mar 1   1919
   1   2   Mar 15   1919
   1   3   Apr 1   1919
   1   4   Apr 15   1919
   1   5   May 1   1919
   1   6   May 15   1919
   1   7   Jun 1   1919
   1   8   Jun 15   1919
   2   1   Jul 1   1919
   2   2   Jul 15   1919
   2   3   Aug 1   1919
   2   4   Aug 15   1919
   2   5   Sep 1   1919
   2   6   Sep 15   1919
   3   1   Oct 1   1919
   3   2   Oct 15   1919

THRILLING SCIENCE FICTION. No. 1-[40]. 1966-July 1975.
   Flushing, N. Y., Ultimate Publications, Inc.

   Editor: Not Identified. (No. 9, Harry Harrison)
   Note: Exclusively reprints.
   Code: MTS.
   Indexed in: NESFA.

Issue Checklist:

   Most Thrilling Science Fiction Ever Told
   1   1966
   2   1966
   3   1966
   4   1966
   5   1967
   6   fal   1967
   7   win   1967
   8   spr   1968
   9   sum   1968
   10   fal   1968
   11   win   1968
   12   spr   1969
   13   sum   1969
   Thrilling Science Fiction Adventures
   14   fal   1969
   15   spr   1970
   16   sum   1970
   17   fal   1970
   The Most Thrilling Science Fiction Ever Told
   18   win   1970
   Thrilling Science Fiction
   19   spr   1971
   20   sum   1971
   21   fal   1971
   22   Dec   1971
   23   Feb   1972
   24   Apr   1972
   25   Jun   1972
        Aug   1972
        Oct   1972
        Dec   1972
        Feb   1973
        Apr   1973
        Jun   1973
        Aug   1973
        Oct   1973
        Dec   1973
        Feb   1974
        Apr   1974
        Jun   1974
        Aug   1974
        Oct   1974
        Dec   1974
        Apr   1975
        Jul   1975

THRILLING WONDER STORIES. V. 1-44 No.3. Jun. 1929-win. 1955.
   New York, Standard Magazines, Inc.

   Editor: Jun. 1929-Apr. 1936, Hugo Gernsback; Aug. 1936-Jun. 1941, Mortimer Weisinger; Aug. 1941-fal. 1944, D. J. Friend; win. 1945-Oct. 1951, Sam Merwin, Jr.; Dec. 1951-sum. 1954, Samuel Mines; fal.1954-sum. 1955, Theron Raines.
   Publisher varies: Jun. 1929-Oct. 1933, Stellar Publishing Corp.; Nov. 1933-Apr. 1936, Continental Publications, Inc.; Aug.

THRILLING WONDER STORIES

1936-Jun. 1937, Beacon Magazines; Oct. 1937-Aug. 1943, Better Publications, Inc.; fal. 1943-win. 1955, Standard Magazines.

Note: Editors not identified in issues until June 1951. Harvey Burns is listed as Editor in ownership statements from 1938-1951.

Note: Two issues of a reprint magazine were published bearing the title <u>Wonder Stories, An Anthology of the Best in Science Fiction</u> and continuing the volume numbering of <u>Thrilling Wonder Stories</u>. Both issues were edited by Jim Hendryx, Jr., and the contents were virtually the same. They are identified as <u>Wonder Stories</u>, Vol. 45, No. 1, 1957, and <u>Wonder Stories</u>, Vol. 45, No. 2, 1963.

Code: TWS.

Indexed in: Day, Strauss, Metcalf, SFBRI.

Issue Checklist:

Science Wonder Stories
Vol	No	Month	Year
1	1	Jun	1929
1	2	Jul	1929
1	3	Aug	1929
1	4	Sep	1929
1	5	Oct	1929
1	6	Nov	1929
1	7	Dec	1929
1	8	Jan	1930
1	9	Feb	1930
1	10	Mar	1930
1	11	Apr	1930
1	12	May	1930

Wonder Stories
Vol	No	Month	Year
2	1	Jun	1930
2	2	Jul	1930
2	3	Aug	1930
2	4	Sep	1930
2	5	Oct	1930
2	6	Nov	1930
2	7	Dec	1930
2	8	Jan	1931
2	9	Feb	1931
2	10	Mar	1931
2	11	Apr	1931
2	12	May	1931
3	1	Jun	1931
3	2	Jul	1931
3	3	Aug	1931
3	4	Sep	1931
3	5	Oct	1931
3	6	Nov	1931
3	7	Dec	1931
3	8	Jan	1932
3	9	Feb	1932
3	10	Mar	1932
3	11	Apr	1932
3	12	May	1932
4	1	Jun	1932
4	2	Jul	1932
4	3	Aug	1932
4	4	Sep	1932
4	5	Oct	1932
4	6	Nov	1932
4	7	Dec	1932
4	8	Jan	1933
4	9	Feb	1933
4	10	Mar	1933
4	11	Apr	1933
4	12	May	1933
5	1	Jun	1933
5	2	Jul/Aug	1933
5	3	Sep/Oct	1933
5	4	Nov	1933
5	5	Dec	1933
5	6	Jan	1934
5	7	Feb	1934
5	8	Mar	1934
5	9	Apr	1934
5	10	May	1934
6	1	Jun	1934
6	2	Jul	1934
6	3	Aug	1934
6	4	Sep	1934
6	5	Oct	1934
6	6	Nov	1934
6	7	Dec	1934
6	8	Jan	1935
6	9	Feb	1935
6	10	Mar	1935
6	11	Apr	1935
6	12	May	1935
7	1	Jun	1935
7	2	Jul	1935
7	3	Aug	1935
7	4	Sep	1935
7	5	Oct	1935
7	6	Nov/Dec	1935
7	7	Jan/Feb	1936
7	8	Mar/Apr	1936

Thrilling Wonder Stories
Vol	No	Month	Year
8	1	Aug	1936
8	2	Oct	1936
8	3	Dec	1936
9	1	Feb	1937
9	2	Apr	1937
9	3	Jun	1937
10	1	Aug	1937
10	2	Oct	1937
10	3	Dec	1937
11	1	Feb	1938
11	2	Apr	1938
11	3	Jun	1938
12	1	Aug	1938
12	2	Oct	1938
12	3	Dec	1938
13	1	Feb	1939
13	2	Apr	1939
13	3	Jun	1939
14	1	Aug	1939
14	2	Oct	1939
14	3	Dec	1939
15	1	Jan	1940
15	2	Feb	1940
15	3	Mar	1940
16	1	Apr	1940
16	2	May	1940
16	3	Jun	1940
17	1	Jul	1940
17	2	Aug	1940
17	3	Sep	1940
18	1	Oct	1940
18	2	Nov	1940
18	3	Dec	1940
19	1	Jan	1941
19	2	Feb	1941
19	3	Mar	1941
20	1	Apr	1941
20	2	Jun	1941
20	3	Aug	1941
21	1	Oct	1941
21	2	Dec	1941
21	3	Feb	1942
22	1	Apr	1942
22	2	Jun	1942
22	3	Aug	1942

Vol	No	Month	Year
23	1	Oct	1942
23	2	Dec	1942
23	3	Feb	1943
24	1	Apr	1943
24	2	Jun	1943
24	3	Aug	1943
25	1	fal	1943
25	2	win	1944
25	3	spr	1944
26	1	sum	1944
26	2	fal	1944
26	3	win	1945
27	1	spr	1945
27	2	sum	1945
27	3	fal	1945
28	1	win	1946
28	2	spr	1946
28	3	sum	1946
29	1	fal	1946
29	2	Dec	1946
29	3	Feb	1947
30	1	Apr	1947
30	2	Jun	1947
30	3	Aug	1947
31	1	Oct	1947
31	2	Dec	1947
31	3	Feb	1948
32	1	Apr	1948
32	2	Jun	1948
32	3	Aug	1948
33	1	Oct	1948
33	2	Dec	1948
33	3	Feb	1949
34	1	Apr	1949
34	2	Jun	1949
34	3	Aug	1949
35	1	Oct	1949
35	2	Dec	1949
35	3	Feb	1950
36	1	Apr	1950
36	2	Jun	1950
36	3	Aug	1950
37	1	Oct	1950
37	2	Dec	1950
37	3	Feb	1951
38	1	Apr	1951
38	2	Jun	1951
38	3	Aug	1951
39	1	Oct	1951
39	2	Dec	1951
39	3	Feb	1952
40	1	Apr	1952
40	2	Jun	1952
40	3	Aug	1952
41	1	Oct	1952
41	2	Dec	1952
41	3	Feb	1953
42	1	Apr	1953
42	2	Jun	1953
42	3	Aug	1953
43	1	Nov	1953
43	2	win	1954
43	3	spr	1954
44	1	sum	1954
44	2	fal	1954
44	3	win	1955

TOPS IN SCIENCE FICTION. V. 1 No. 1-2. spr.-fal. 1953.
Stamford, CT., Love Romances Publishing Co., Inc.

Editor: spr. 1953, Jack O'Sullivan; fal. 1953, Malcolm Reiss.
Code: TIS.
Indexed in: Strauss, Metcalf. SFBRI.

Issue Checklist:

Tops in Science Fiction
1	1	spr	1953
1	2	fal	1953

TWO COMPLETE SCIENCE ADVENTURE BOOKS. V. 1 No. 1-11. win. 1950-spr. 1954.
Stamford, CT., Wings Publishing Co., Inc.

Editor: win. 1950-sum. 1951, Jerome Bixby; win. 1951-sum. 1953, not identified; win. 1953-spr. 1954, Katharine Daffron.
Code: TSB.
Indexed in: Day, Strauss, Metcalf, SFBRI.
Note: Numbered 1-11 on cover.

Issue Checklist:

Two Complete Science Adventure Books
1	1	win	1950
1	2	spr	1951
1	3	sum	1951
1	4	win	1951
1	5	spr	1952
1	6	sum	1952
1	7	win	1952
1	8	spr	1953
1	9	sum	1953
1	10	win	1953
1	11	spr	1954

UNCANNY STORIES. V. 1 No. 1. Apr. 1941.
Chicago, Ill., Manvis Publications, Inc.

Editor: Not identified. (Nicholl's Sciecne Fiction Encyclopedia identifies Robert O. Erisman as editor.)
Code: UNC.
Indexed in: Day.

Issue Checklist:

Uncanny Stories
1	1	Apr	1941

UNCANNY TALES. V. 2 No. 4-3 No. 4. 1938-May 1940.
Chicago, Western Fiction Co.

Editor: Robert O. Erisman
Code:
Indexed in: SFBRI.

Issue Checklist:

Uncanny Tales
2	4		1938
2	5		1939
2	6		1939
3	1	Aug	1939
3	2	Mar	1940
3	3		1940
3	4	May	1940

UNCANNY TALES. No. 1-21. Nov. 1940-Sep/Oct. 1943.
Toronto, Norman Book Co.

Editor: Lyle Kenyon Engel.
Publisher varies: Nov. 1940-May 1942, Adam Publishing Co., Jul. 1942-Sep. 1943,

Norman Book Co.
    Code: UNT.
    Indexed in: SFBRI, Science Fiction Collector, No. 9.

Issue Checklist:

    Uncanny Tales
    1   Nov   1940
    2   Dec   1940
    3   Jan   1941
    4   Mar   1941
    5   May   1941
    6   Jun   1941
    7   Jul   1941
    8   Aug   1941
    9   Sep   1941
    10   Oct   1941
    11   Nov   1941
    12   Dec   1941
    13   Jan   1942
    14   Feb   1942
    15   Mar   1942
    16   Apr   1942
    17   May   1942
    18   Jul   1942
    19   Sep   1942
    20   Dec   1942
    21   Sep/Oct 1943

UNEARTH, THE MAGAZINE OF SCIENCE FICTION DISCOVERIES. V. 1-2. win. 1977-win. 1979.
Boston, Unearth Publications.

    Editor: John M. Landsberg and Jonathan Ostrowsky-Lantz.
    Code: UNEA.
    Indexed in: NESFA, SFBRI.

Issue Checklist:

    1   1   win   1977
    1   2   spr   1977
    1   3   sum   1977
    1   4   fal   1977
    2   1   win   1978
    2   2   spr   1978
    2   3   sum   1978
    2   4   win   1979

UNIVERSE SCIENCE FICTION.
    See: Flying Saucers From Other Worlds.

UNKNOWN.
    See: Unknown Worlds

UNKNOWN WORLDS. V. 1-7 No. 3. Mar. 1939-Oct. 1943.
New York, Street and Smith Publications, Inc.

    Editor: John W. Campbell, Jr.
    Code: UNK.
    Indexed in: Day, SFBRI.

Issue Checklist:

    Unknown
    1   1   Mar   1939
    1   2   Apr   1939
    1   3   May   1939
    1   4   Jun   1939
    1   5   Jul   1939
    1   6   Aug   1939
    2   1   Sep   1939
    2   2   Oct   1939
    2   3   Nov   1939
    2   4   Dec   1939
    2   5   Jan   1940
    2   6   Feb   1940
    3   1   Mar   1940
    3   2   Apr   1940
    3   3   May   1940
    3   4   Jun   1940
    3   5   Jul   1940
    3   6   Aug   1940
    4   1   Sep   1940
    4   2   Oct   1940
    4   3   Nov   1940
    4   4   Dec   1940
    4   5   Feb   1941
    4   6   Apr   1941
    5   1   Jun   1941
    5   2   Aug   1941
    Unknown Worlds
    5   3   Oct   1941
    5   4   Dec   1941
    5   5   Feb   1942
    5   6   Apr   1942
    6   1   Jun   1942
    6   2   Aug   1942
    6   3   Oct   1942
    6   4   Dec   1942
    6   5   Feb   1943
    6   6   Apr   1943
    7   1   Jun   1943
    7   2   Aug   1943
    7   3   Oct   1943

VANGUARD SCIENCE FICTION. V.1 No.1. Jun. 1958.
New York, Vanguard Science Fiction, Inc.

    Editor: James Blish.
    Code: VAN.
    Indexed in: Strauss, Metcalf, SFBRI.

Issue Checklist:

    Vanguard Science Fiction
    1   1   Jun   1958

VARGO STATTEN BRITISH SCIENCE FICTION MAGAZINE
    See: British Space Fiction Magazine

VARGO STATTEN SCIENCE FICTION MAGAZINE
    See: British Space Fiction Magazine

VENTURE SCIENCE FICTION. V. 1-4 No. 3. Jan. 1957-Aug. 1970.
Concord, N. H., Mercury Press, Inc.

    Editor: Jan. 1957-Jul. 1958, Robert P. Mills; May 1969-Aug. 1970, Edward L. Ferman.
    Publisher varies: Jan. 1957-Mar. 1958, Fantasy House, Inc.; May 1958-Aug. 1970, Mercury Press, Inc.
    Note: Publication suspended 1959-1968.
    Code: VEN.
    Indexed in: Strauss, Metcalf, NESFA, SFBRI.

Issue Checklist:

    Venture Science Fiction
    1   1   Jan   1957
    1   2   Mar   1957
    1   3   May   1957
    1   4   Jul   1957

1	5	Sep	1957
1	6	Nov	1957
2	1	Jan	1958
2	2	Mar	1958
2	3	May	1958
2	4	Jul	1958
3	1	May	1969
3	2	Aug	1969
3	3	Nov	1969
4	1	Feb	1970
4	2	May	1970
4	3	Aug	1970

VENTURE SCIENCE FICTION. No. 1-28. Sep. 1963-Dec. 1965.
London, Atlas Publishing and Distributing Co., Ltd.

Editor: Not identified.
Code: VENB.
Indexed in: Bishop.

A strictly reprint magazine, offering material selected from Venture, 1957-1958, and from The Magazine of Fantasy and Science Fiction, 1957-1959.

The British edition of Venture carried two dates: the date of British distribution, and the date of Australasian distribution, which was two months after British distribution.

Issue Checklist:

Venture Science Fiction
1	Sep	1963
2	Oct	1963
3	Nov	1963
4	Dec	1963
5	Jan	1964
6	Feb	1964
7	Mar	1964
8	Apr	1964
9	May	1964
10	Jun	1964
11	Jul	1964
12	Aug	1964
13	Sep	1964
14	Oct	1964
15	Nov	1964
16	Dec	1964
17	Jan	1965
18	Feb	1965
19	Mar	1965
20	Apr	1965
21	May	1965
22	Jun	1965
23	Jul	1965
24	Aug	1965
25	Sep	1965
26	Oct	1965
27	Nov	1965
28	Dec	1965

VERTEX, THE MAGAZINE OF SCIENCE FICTION. V. 1-3 No.4. Apr. 1973-Aug. 1975.
Los Angeles, Calif., Mankind Publishing Co.

Editor: Donald J. Pfeil.
Code: VTX.
Indexed in: NESFA, SFBRI.

Issue Checklist:

Vertex, The Magazine of Science Fiction
1	1	Apr	1973
1	2	Jun	1973
1	3	Aug	1973
1	4	Oct	1973
1	5	Dec	1973
1	6	Feb	1974
2	1	Apr	1974
2	2	Jun	1974
2	3	Aug	1974
2	4	Oct	1974
2	5	Dec	1974
2	6	Feb	1975
3	1	Apr	1975
3	2	Jun	1975
3	3	Jul	1975
3	4	Aug	1975

VISION OF TOMORROW. V. 1 No. 1-12. Aug. 1969-Sep. 1970.
Yagoona, Australia, Ronald E. Graham Publishers, Ltd.

Editor: Philip Harbottle.
Code: VOT.
Indexed in: NESFA, SFBRI.

Issue Checklist:

Vision of Tomorrow
1	1	Aug	1969
1	2	Dec	1969
1	3	Nov	1969

(Issues numbered and dated as listed here; correct sequence is by number.)

1	4	Jan	1970
1	5	Feb	1970
1	6	Mar	1970
1	7	Apr	1970
1	8	May	1970
1	9	Jun	1970
1	10	Jul	1970
1	11	Aug	1970
1	12	Sep	1970

VORTEX SCIENCE FICTION. V. 1 No. 1-2. 1953.
New York, Specific Fiction Corp.

Editor: Chester Whitehorn.
Code: VOR.
Indexed in: Strauss, Metcalf, SFBRI.

Issue Checklist:

Vortex Science Fiction
1	1	(May)	1953
1	2	(Oct)	1953

VORTEX, THE SCIENCE FICTION FANTASY MONTHLY. V. 1 No. 1-4. Jan.-May 1977.
Thame, Eng., Cerberus Publishing, Ltd.

Editor: Keith Seddon.
Publisher varies: Jan-Feb., Shalmead; Mar., Container Publications; Apr-May, Cerberus Publishing.
Code: VOT.
Indexed in: SFBRI.

Issue Checklist:

Vortex, The Science Fiction Fantasy
Monthly
1	1	Jan	1977
1	2	Feb	1977
1	3	Mar	1977
1	4	Apr	1977
		May	1977

WEIRD AND OCCULT LIBRARY. No. 1-3. 1960. S. L., S. N.

    Editor: Not identified.
    Note: No issues seen.
    Code: WOL.
    Indexed in: Strauss, SFBRI.

Issue Checklist:

Weird and Occult Library
1		1960
2		1960
3		1960

WEIRD MYSTERY. No. 1-4. fal. 1970-sum. 1971. Flushing, New York, Ultimate Publishing Co.

    Editor: Not identified.
    Code: WMY.
    Indexed in: NESFA, SFBRI, Cook (No. 1-3).

Issue Checklist:

Weird Mystery
1	fal	1970
2	win	1970
3	spr	1971
4	sum	1971

WEIRD SEX TALES. V. 1 No. 1. July/Aug. 1972. Los Angeles, Gallery Press.

    Editor: Not identified.
    Note: Not seen. Data supplied by Kenneth R. Johnson.
    Indexed in:

Issue Checklist:

Weird Sex Tales
1	1	Jul/Aug	1972

WEIRD STORY MAGAZINE. London, Gerald G. Swan, Ltd.

    Editor:
    Note: No issues seen.
    Code:
    Indexed in:

Issue Checklist:

Weird Story Magazine
1		(1947)
2	(Jun)	(1948)

WEIRD TALES. V. 1-47 No. 4. Mar. 1923-sum. 1974. Los Angeles, Weird Tales.

    Editor: Mar. 1923-May 1924, Edwin Baird; Nov. 1924-Mar. 1940, Farnsworth Wright; May 1940-Sep. 1954, Dorothy McIlwraith; 1973-1974, Sam Moskowitz.
    Publisher varies: Mar. 1923-Jul. 1924, Rural Publishing Corp.; Nov. 1924-Oct. 1938, Popular Fiction Publishing Co.; Nov. 1938-July 1953, Weird Tales; Jul. 1953-Sep. 1954, Short Stories, Inc.
    Note: Publication suspended 1955-1972.
    Code: WT.
    Indexed in: Cockroft, Strauss, NESFA, SFBRI.

Issue Checklist:

Weird Tales
1	1	Mar	1923
1	2	Apr	1923
1	3	May	1923
1	4	Jun	1923
2	1	Jul/Aug	1923
2	2	Sep	1923
2	3	Oct	1923
2	4	Nov	1923
3	1	Jan	1924
3	2	Feb	1924
3	3	Mar	1924
3	4	Apr	1924
(V. 4 No. 1 not published)			
4	2	May/Je/Jl	1924
4	3	Nov	1924
4	4	Dec	1924
5	1	Jan	1925
5	2	Feb	1925
5	3	Mar	1925
5	4	Apr	1925
5	5	May	1925
5	6	Jun	1925
6	1	Jul	1925
6	2	Aug	1925
6	3	Sep	1925
6	4	Oct	1925
6	5	Nov	1925
6	6	Dec	1925
7	1	Jan	1926
7	2	Feb	1926
7	3	Mar	1926
7	4	Apr	1926
7	5	May	1926
7	6	Jun	1926
8	1	Jul	1926
8	2	Aug	1926
8	3	Sep	1926
8	4	Oct	1926
8	5	Nov	1926
8	6	Dec	1926
9	1	Jan	1927
9	2	Feb	1927
9	3	Mar	1927
9	4	Apr	1927
9	5	May	1927
9	6	Jun	1927
10	1	Jul	1927
10	2	Aug	1927
10	3	Sep	1927
10	4	Oct	1927
10	5	Nov	1927
10	6	Dec	1927
11	1	Jan	1928
11	2	Feb	1928
11	3	Mar	1928
11	4	Apr	1928
11	5	May	1928
11	6	Jun	1928
12	1	Jul	1928
12	2	Aug	1928
12	3	Sep	1928
12	4	Oct	1928

Vol	No	Month	Year
12	5	Nov	1928
12	6	Dec	1928
13	1	Jan	1929
13	2	Feb	1929
13	3	Mar	1929
13	4	Apr	1929
13	5	May	1929
13	6	Jun	1929
14	1	Jul	1929
14	2	Aug	1929
14	3	Sep	1929
14	4	Oct	1929
14	5	Nov	1929
14	6	Dec	1929
15	1	Jan	1930
15	2	Feb	1930
15	3	Mar	1930
15	4	Apr	1930
15	5	May	1930
15	6	Jun	1930
16	1	Jul	1930
16	2	Aug	1930
16	3	Sep	1930
16	4	Oct	1930
16	5	Nov	1930
16	6	Dec	1930
17	1	Jan	1931
17	2	Feb/Mar	1931
17	3	Apr/May	1931
17	4	Jun/Jul	1931
18	1	Aug	1931
18	2	Sep	1931
18	3	Oct	1931
18	4	Nov	1931
18	5	Dec	1931
19	1	Jan	1932
19	2	Feb	1932
19	3	Mar	1932
19	4	Apr	1932

(V. 19 No. 3 on title page)

Vol	No	Month	Year
19	5	May	1932
19	6	Jun	1932
20	1	Jul	1932
20	2	Aug	1932
20	3	Sep	1932
20	4	Oct	1932
20	5	Nov	1932
20	6	Dec	1932
21	1	Jan	1933
21	2	Feb	1933
21	3	Mar	1933
21	4	Apr	1933
21	5	May	1933
21	6	Jun	1933
22	1	Jul	1933
22	2	Aug	1933
22	3	Sep	1933
22	4	Oct	1933
22	5	Nov	1933
22	6	Dec	1933
23	1	Jan	1934
23	2	Feb	1934
23	3	Mar	1934
23	4	Apr	1934
23	5	May	1934
23	6	Jun	1934
24	1	Jul	1934
24	2	Aug	1934
24	3	Sep	1934
24	4	Oct	1934
24	5	Nov	1934
24	6	Dec	1934
25	1	Jan	1935
25	2	Feb	1935
25	3	Mar	1935
25	4	Apr	1935
25	5	May	1935
25	6	Jun	1935
26	1	Jul	1935
26	2	Aug	1935
26	3	Sep	1935
26	4	Oct	1935
26	5	Nov	1935
26	6	Dec	1935
27	1	Jan	1936
27	2	Feb	1936
27	3	Mar	1936
27	4	Apr	1936
27	5	May	1936
27	6	Jun	1936
28	1	Jul	1936
28	2	Aug/Sep	1936
28	3	Oct	1936
28	4	Nov	1936
28	5	Dec	1936
29	1	Jan	1937
29	2	Feb	1937
29	3	Mar	1937
29	4	Apr	1937
29	5	May	1937
29	6	Jun	1937
30	1	Jul	1937
30	2	Aug	1937
30	3	Sep	1937
30	4	Oct	1937
30	5	Nov	1937
30	6	Dec	1937
31	1	Jan	1938
31	2	Feb	1938
31	3	Mar	1938
31	4	Apr	1938
31	5	May	1938
31	6	Jun	1938
32	1	Jul	1938
32	2	Aug	1938
32	3	Sep	1938
32	4	Oct	1938
32	5	Nov	1938
32	6	Dec	1938
33	1	Jan	1939
33	2	Feb	1939
33	3	Mar	1939
33	4	Apr	1939
33	5	May	1939
34	1	Jun/Jul	1939
34	2	Aug	1939
34	3	Sep	1939
34	4	Oct	1939
34	5	Nov	1939
34	6	Dec	1939
35	1	Jan	1940
35	2	Mar	1940
35	3	May	1940
35	4	Jul	1940
35	5	Sep	1940
35	6	Nov	1940
35	7	Jan	1941
35	8	Mar	1941
35	9	May	1941
35	10	Jul	1941
36	1	Sep	1941
36	2	Nov	1941
36	3	Jan	1942
36	4	Mar	1942
36	5	May	1942
36	6	Jul	1942
36	7	Sep	1942
36	8	Nov	1942

36	9	Jan	1943
36	10	Mar	1943
36	11	May	1943
36	12	Jul	1943
37	1	Sep	1943
37	2	Nov	1943
37	3	Jan	1944
37	4	Mar	1944
37	5	May	1944
37	6	Jul	1944
38	1	Sep	1944
38	2	Nov	1944
38	3	Jan	1945
38	4	Mar	1945
38	5	May	1945
38	6	Jul	1945
39	1	Sep	1945
39	2	Nov	1945
39	3	Jan	1946
39	4	Mar	1946
39	5	May	1946
39	6	Jul	1946
39	7	Sep	1946
39	8	Nov	1946
39	9	Jan	1947
39	10	Mar	1947
39	11	May	1947
39	11	Jul	1947

(No. 11 reused in July)

39	12	Sep	1947
40	1	Nov	1947
40	2	Jan	1948
40	3	Mar	1948
40	4	May	1948
40	5	Jul	1948
40	6	Sep	1948
41	1	Nov	1948
41	2	Jan	1949
41	3	Mar	1949
41	4	May	1949
41	5	Jul	1949
41	6	Sep	1949
42	1	Nov	1949
42	2	Jan	1950
42	3	Mar	1950
42	4	May	1950
42	5	Jul	1950
42	6	Sep	1950
43	1	Nov	1950
43	2	Jan	1951
43	3	Mar	1951
43	4	May	1951
43	5	Jul	1951
43	6	Sep	1951
44	1	Nov	1951
44	2	Jan	1952
44	3	Mar	1952
44	4	May	1952
44	5	Jul	1952
44	6	Sep	1952
44	7	Nov	1952
44	8	Jan	1953
45	1	Mar	1953
45	2	May	1953
45	3	Jul	1953
45	4	Sep	1953
45	5	Nov	1953
45	6	Jan	1954
46	1	Mar	1954
46	2	May	1954
46	3	Jul	1954
46	4	Sep	1954
47	1	sum	1973
47	2	fal	1973
47	3	win	1973
47	4	sum	1974

WEIRD TALES. V. 48 No. 1-   . spr. 1981-
New York, Zebra Books.

    Editor: spr. 1981-   , Lin Carter.
    Note: This item is treated separately from the Weird Tales due to its book format, even though it carries on the numbering of the magazine on the contents page. It is included here to clarify the details of its existance.
    Code:
    Indexed in: NESFA, SFBRI.

Issue Checklist:

    Weird Tales
48	1	spr	1981
48	2	spr	1981

(V. 48 no. 1 and 2 both dated spring)
48	3	fal	1981

WEIRD TERROR TALES. V. 1 No. 1-3. win. 1969-fal. 1970.
New York, Health Knowledge, Inc.

    Editor: Robert A. W. Lowndes.
    Code: WTT.
    Indexed in: NESFA, SFBRI, Cook.

Issue Checklist:

    Weird Terror Tales
1	1	win	1969/70
1	2	sum	1970
1	3	fal	1970

WEIRD WORLD. V. 1 No. 1-2. 1955-1956.
Birkenhead, Eng., Gannet Press, Ltd.

    Editor: Not identified.
    Code: WWD.
    Indexed in: Strauss, SFBRI.

Issue Checklist:

    Weird World
1	1
1	2

WITCHCRAFT AND SORCERY. V.1 No. 1-No. 10. Sep. 1969-1974.
Alhambra, Calif., Fantasy Publishing Co., Inc.

    Editor:Sep. 1969-Mar. 1970, Arthur H. Landis; Jan./Feb. 1971-1974, Gerald W. Page.
    Publisher varies: Sep. 1969-Mar. 1970, Camelot Publishing Co.; Jan. 1971-1974, Fantasy Publishing Co., Inc.
    Code:WAS.
    Indexed in: NESFA, SFBRI, Cook (No. 1-4).

Issue Checklist:

    Coven 13
1	1	Sep	1969
1	2	Nov	1969
1	2	Jan	1970

(Numbering error; actually V. 1, No. 3)
1	4	Mar	1970

Witchcraft and Sorcery

1	5	Jan/Feb	1971
1	6	May	1971
	7		1972
	8		1972
	9		1972

(Dated 1972, but not published until August 1973. K. J.)

	10		1974

THE WITCH'S TALES. V. 1 No. 1-2. Nov.-Dec. 1936.
New York: The Carwood Publishing Co.

    Editor: Alonzo Deen Cole.
    Note: Tuck's <u>Encyclopedia of Science Fiction and Fantasy, Vol. 3</u>, identifies the editor as Tom Chadburn.
    Note: Not seen. Data supplied by Kenneth R. Johnson.
    Indexed in: <u>Fantasy Collector</u> No. 119.

Issue Checklist:

The Witch's Tales

1	1	Nov	1936
1	2	Dec	1936

WONDER STORIES.
    See: Thrilling Wonder Stories

WONDER STORIES QUARTERLY. V. 1-4 No. 2. fal. 1929-win. 1933.
Mount Morris, IL., Stellar Publishing Corp.

    Editor: Hugo Gernsback.
    Code: WSQ.
    Indexed in: Day, SFBRI.

Issue Checklist:

Science Wonder Quarterly

1	1	fal	1929
1	2	win	1930
1	3	spr	1930

Wonder Stories Quarterly

1	4	sum	1930
2	1	fal	1930
2	2	win	1931
2	3	spr	1931
2	4	sum	1931
3	1	fal	1931
3	2	win	1932
3	3	spr	1932
3	4	sum	1932
4	1	fal	1932
4	2	win	1933

WONDER STORY ANNUAL. V. 1-2 No. 1. 1950-1953.
New York, Best Books, Inc.

    Editor: 1950-1952, Not identified; 1952-1953, Samuel Mines. (Nicholl's <u>Science Fiction Encyclopedia</u> identifies Sam Merwin as editor for 1950-1952.)
    Code: WSA.
    Indexed: Day, Strauss, Metcalf, SFBRI.

Issue Checklist:

Wonder Story Annual

1	1	1950
1	2	1951
1	3	1952
2	1	1953

WONDERS OF THE SPACEWAYS. No. (1)-10. 1950-1954.
London, Eng., John Spencer & Co.

    Editor: Not identified.
    Code: WOS.
    Indexed in: ASFA, Strauss, SFBRI.

Issue Checklist:

Wonders of the Spaceways

(1)	(1950)
2	(1952)
3	(1952)
4	(1952)
5	(1952)
6	(1953)
7	(1953)
8	(1953)
9	(1954)
10	(1954)

WORLDS BEYOND. V. 1 No. 1-3. Dec. 1950-Feb. 1951.
Chicago, Hillman Periodicals, Inc.

    Editor: Damon Knight.
    Code: WBD.
    Indexed in: Day, Strauss, Metcalf, SFBRI.

Issue Checklist:

Worlds Beyond

1	1	Dec	1950
1	2	Jan	1951
1	3	Feb	1951

WORLDS OF FANTASY. No. 1-14. 1950-1954.
London, Eng., John Spencer & Co.

    Editor: Not identified.
    Code: WOF.
    Indexed in: ASFA, Strauss, SFBRI.

Issue Checklist:

Worlds of Fantasy

(1)	(1950)
2	(1950)
3	(1950)
4	(1951)
5	(1952)
6	(1952)
7	(1952)
8	(1953)
9	(1953)
10	(1953)
11	(1953)
12	(1954)
13	(1954)
14	(1954)

WORLDS OF FANTASY. V. 1 No. 1-4. 1968-spr. 1971.
New York, U. P. D. Publishing Corp.
(Universal Publishing and Distributing Corp.)

    Editor: 1968-1970, Lester del Rey; win. 1970-1971, Ejler Jakobsson.
    Publisher varies: 1968, Galaxy Publishing Corp.; 1970-1971, Universal Publishing and Distributing Corp.
    Code: WFA.
    Indexed in: NESFA, SFBRI.

Issue Checklist:

    Worlds of Fantasy
Vol	No	Season	Year
1	1		1968
1	2		1970
1	3	win	1970/71
1	4	spr	1971

WORLDS OF IF SCIENCE FICTION. V. 1-22 No. 8. Mar. 1952-Nov. 1974.
New York, U. P. D. Publishing Corp.
(Universal Publishing & Distributing Corp.)

    Editor: Mar-Sep. 1952, Paul W. Fairman; Nov. 1952-Aug. 1958, James L. Quinn; Oct. 1958-Feb. 1959, Damon Knight; Jul. 1959-Sep. 1961, H. L. Gold; Nov. 1961-May 1969, Frederik Pohl; Jul. 1969-Jan/Feb. 1974, Ejler Jakobsson; Mar/Apr. 1974-Nov/Dec. 1974, James Baen.
    Publisher varies: Mar. 1952-Feb. 1959, Quinn Publishing Co.; Jul. 1959-May 1963, Digest Productions Corp.; Jul. 1963-May 1969, Galaxy Publishing Corp.; Jul. 1969-Jul/Aug. 1970, Universal Publishing & Distributing Corp.; Sep/Oct. 1970-Nov/Dec. 1974, U. P. D. Publishing Corp.
    Code: WIF.
    Indexed in: Strauss, Metcalf, NESFA, SFBRI.

Issue Checklist:

    If, Worlds of Science Fiction

Vol	No	Month	Year
1	1	Mar	1952
1	2	May	1952
1	3	Jul	1952
1	4	Sep	1952
1	5	Nov	1952
1	6	Jan	1953
2	1	Mar	1953
2	2	May	1953
2	3	Jul	1953
2	4	Sep	1953
2	5	Nov	1953
2	6	Jan	1954
3	1	Mar	1954
3	2	Apr	1954
3	3	May	1954
3	4	Jun	1954
3	5	Jul	1954
3	6	Aug	1954
4	1	Sep	1954
4	2	Oct	1954
4	3	Nov	1954
4	4	Dec	1954
4	5	Jan	1955
4	6	Feb	1955
5	1	Mar	1955
5	2	Apr	1955
5	3	May	1955
5	4	Jun	1955
5	5	Aug	1955
5	6	Oct	1955
6	1	Dec	1955
6	2	Feb	1956
6	3	Apr	1956
6	4	Jun	1956
6	5	Aug	1956
6	6	Oct	1956
7	1	Dec	1956
7	2	Feb	1957
7	3	Apr	1957
7	4	Jun	1957
7	5	Aug	1957
7	6	Oct	1957
7	6	Dec	1957

(Numbering error - V. 7 No. 6 reused in Dec. 1957; V. 8 No. 1 not used)

Vol	No	Month	Year
8	2	Feb	1958
8	3	Apr	1958
8	4	Jun	1958
8	5	Aug	1958
8	6	Oct	1958
9	1	Dec	1958
9	2	Feb	1959
8	6	Jul	1959

(Numbering error - V. 9 No.3 not used, in correct order by date)

Vol	No	Month	Year
9	4	Sep	1959
9	5	Nov	1959
9	6	Jan	1960
10	1	Mar	1960
10	2	May	1960
10	3	Jul	1960
10	4	Sep	1960
10	5	Nov	1960
10	6	Jan	1961
11	1	Mar	1961
11	2	May	1961
11	3	Jul	1961
11	4	Sep	1961

Worlds of If Science Fiction

Vol	No	Month	Year
11	5	Nov	1961
11	6	Jan	1962
12	1	Mar	1962
12	2	May	1962
12	3	Jul	1962
12	4	Sep	1962
12	5	Nov	1962
12	6	Jan	1963
13	1	Mar	1963
13	2	May	1963
13	3	Jul	1963
13	4	Sep	1963
13	5	Nov	1963
13	6	Jan	1964
14	1	Mar	1964
14	2	May	1964
14	3	Jul	1964
14	4	Aug	1964
14	5	Oct	1964
14	6	Nov	1964
14	7	Dec	1964
15	1	Jan	1965
15	2	Feb	1965
15	3	Mar	1965
15	4	Apr	1965
15	5	May	1965
15	6	Jun	1965
15	7	Jul	1965
15	8	Aug	1965
15	9	Sep	1965
15	10	Oct	1965
15	11	Nov	1965
15	12	Dec	1965
16	1	Jan	1966
16	2	Feb	1966
16	3	Mar	1966
16	4	Apr	1966
16	5	May	1966
16	6	Jun	1966
16	7	Jul	1966
16	8	Aug	1966
16	9	Sep	1966
16	10	Oct	1966
16	11	Nov	1966
16	12	Dec	1966

Vol	No	Month	Year
17	1	Jan	1967
17	2	Feb	1967
17	3	Mar	1967
17	4	Apr	1967
17	5	May	1967
17	6	Jun	1967
17	7	Jul	1967
17	8	Aug	1967
17	9	Sep	1967
17	10	Oct	1967
17	11	Nov	1967
17	12	Dec	1967
18	1	Jan	1968
18	2	Feb	1968
18	3	Mar	1968
18	4	Apr	1968
18	5	May	1968
18	6	Jun	1968
18	7	Jul	1968
18	8	Aug	1968
18	9	Sep	1968
18	10	Oct	1968
18	11	Nov	1968
18	12	Dec	1968
19	1	Jan	1969
19	2	Feb	1969
19	3	Mar	1969
19	4	Apr	1969
19	5	May	1969
19	6	Jul	1969
19	7	Sep	1969
19	8	Oct	1969
19	9	Nov	1969
19	10	Dec	1969
20	1	Jan	1970
20	2	Feb	1970
20	3	Mar	1970
20	4	Apr	1970
20	5	May/Jun	1970
20	6	Jul/Aug	1970
20	7	Sep/Oct	1970
20	8	Nov/Dec	1970
20	9	Jan/Feb	1971
20	10	Mar/Apr	1971
20	11	May/Jun	1971
20	12	Jul/Aug	1971
21	1	Sep/Oct	1971
21	2	Nov/Dec	1971
21	3	Jan/Feb	1972
21	4	Mar/Apr	1972
21	5	May/Jun	1972
21	6	Jul/Aug	1972
21	7	Sep/Oct	1972
21	8	Nov/Dec	1972
21	9	Jan/Feb	1973
21	10	Mar/Apr	1973
21	11	May/Jun	1973
21	12	Jul/Aug	1973
22	1	Sep/Oct	1973
22	2	Nov/Dec	1973
22	3	Jan/Feb	1974
22	4	Mar/Apr	1974
22	5	May/Jun	1974
22	6	Jul/Aug	1974
22	7	Sep/Oct	1974
22	8	Nov/Dec	1974

WORLDS OF TOMORROW. V. 1-5 No. 3. Apr. 1963-spr. 1971.
New York, U P D Publishing Corp.

    Editor: Apr. 1963-May 1967, Frederik Pohl; 1970-1971, Ejler Jakobsson.
    Publisher varies: Apr. 1963, Barmaray Co.; Jun. 1963-May 1967, Galaxy Publishing Corp.; 1970 (V. 5 No. 1)- , Universal Publishing and Distributing Corp.; win 1970-spr. 1971, U. P. D. Publishing Corp.
    Code: WOT.
    Indexed in: Strauss, Metcalf, NESFA, SFBRI.

Issue Checklist:

Worlds of Tomorrow

Vol	No	Month	Year
1	1	Apr	1963
1	2	Jun	1963
1	3	Aug	1963
1	4	Oct	1963
1	5	Dec	1963
1	6	Feb	1964
2	1	Apr	1964
2	2	Jun	1964
2	3	Aug	1964
2	4	Nov	1964
2	5	Jan	1965
2	6	Mar	1965
3	1	May	1965
3	2	Jul	1965
3	3	Sep	1965
3	4	Nov	1965
3	5	Jan	1966
3	6	Mar	1966
3	7	May	1966
4	1	Aug	1966
4	2	Nov	1966
4	3	Feb	1967
4	4	May	1967
5	1		1970
5	2	win	1970
5	3	spr	1971

Editor Index

EDITOR INDEX

ARTHUR, ROBERT (Pseud. of Robert Arthur Feder)
    Mysterious Traveler Mystery Reader
        (1951-1952)

BAEN, JAMES PATRICK
    Destinies (1978-1981)
    Galaxy (1974-1977)
    Worlds of If Science Fiction (1974)

BAILEY, HILARY
    New Worlds Quarterly (1974-1976)

BAIRD, EDWIN
    Weird Tales (1923-1924)

BATES, HARRY
    Analog Science Fiction Science Fact
        (1930-1933)
    Strange Tales of Mystery and Terror
        (1931-1933)

BELL, GEORGE
    Universe Science Fiction (1953)

BIXBY, JEROME
    Planet Stories (1950-1951)
    Two Complete Science Adventure Books
        (1950-1951)

BLISH, JAMES
    Vanguard Science Fiction (1958)

BOND, GEORGE
    Ghost Stories (1929)

BONFIGLIOLI, KYRIL
    SF Impulse (1966)
    Science Fantasy (1964-1966)

BOUCHER, ANTHONY (Pseud. of William A. P. White)
    Magazine of Fantasy and Science Fiction
        (1949-1958)

BOVA, BEN
    Analog (1972-1978)
    Omni (1981-1982)

BRENNAN, JOSEPH PAYNE
    Macabre (1957-1976)

BROWNE, HOWARD
    Amazing Stories (1950-1956)
    Fantastic Adventures (1950-1953)
    Fantastic Stories (1952-1956)

CAMPBELL, H. J.
    Authentic Science Fiction (1951-1956)

CAMPBELL, JOHN W(OOD), JR.
    Analog Science Fiction Science Fact
        (1937-1971)
    From Unknown Worlds (1948)
    Unknown Worlds (1939-1943)

CARNELL, (EDWARD) JOHN
    New Worlds (1946-1964)
    Science Fantasy (1951-1964)
    Science Fiction Adventures (1958-1963)

CARTER, LIN
    Weird Tales (1981-   )

CHARNOCK, GRAHAM
    New Worlds (1969)

CLANCY, EUGENE A.
    Thrill Book (1919)

CLUTE, JOHN
    Interzone (1982-   )

COHEN, SOL
    Amazing Stories (1965-1967, 1969)
    Avon Science Fiction and Fantasy Reader
        (1953)
    Fantastic Stories (1965-1967, 1969)

COLE, ALONZO DEEN
    Witch's Tales (1936)

COLE, L. B.
    Cosmos Science Fiction and Fantasy Magazine
        (1953-1954)

CONWAY, GERARD
    Haunt of Horror (1973)

CRAIG, CHASE
    Tarzan of the Apes Story Digest Magazine
        (1970)

CRAWFORD, WILLIAM L. (See also Garrett Ford)
    Fantasy Book 1947-1951)
    Marvel Tales (1934-1935)
    Spaceway Science Fiction (1953-1970)

DAFFRON, KATHERINE
    Two Complete Science Adventure Books
        (1953-1954)

DAVIDSON, AVRAM
    Magazine of Fantasy and Science Fiction
        (1962-1964)

DAVIS, B. G.
    Amazing Stories (1938-1947)
    Amazing Stories Quarterly (1940-1941)
    Fantastic Adventures (1939-1947)
    Fantastic Adventures Quarterly Reissue
        (1941-1951)

DAVIS, JULIE
    S F Digest (1976)

DEL REY, LESTER
    (See also: St. John, Philip)
    Fantasy Fiction (1953)
    Space Science Fiction (1952-1953)
    Worlds of Fantasy (1968-1970)

DIMMOCK, HAYDN
    Scoops (1934)

DOLD, DOUGLAS M.
    Miracle Science and Fantasy Stories (1931)

DOREY, ALAN
    Interzone (1982-   )

EDWARDS, MALCOLM
    Interzone (1982-   )

EDITOR INDEX

ELWOOD, ROGER
    Chillers (1981)
    Odyssey (1976)

ENGEL, LYLE KENYON
    Space Science Fiction Magazine (1957)
    Tales of the Frightened (1957)
    Uncanny Tales (1940-1943)

ERISMAN, ROBERT O.
    Dynamic Science Stories (1939)
    Marvel Science Fiction (1950-1952)
    Uncanny Stories (1941)
    Uncanny Tales (1938-1940)

FAIRMAN, PAUL W.
    Amazing Stories (1956-1958)
    Dream World (1957)
    Fantastic Stories (1956-1958)
    Worlds of If Science Fiction (1952)

FEARN, JOHN RUSSELL
    See: Vargo Statten

FERMAN, EDWARD L.
    Magazine of Fantasy and Science Fiction
        (1962-   )
    Venture Science Fiction (1969-1970)

FERMAN, JOSEPH W.
    Magazine of Fantasy and Science Fiction
        (1964-1965)

FORD, GARRET (Pseud of William L. Crawford)
    See: William L. Crawford.

FRIEND, OSCAR J.
    Captain Future (1941-1944)
    Startling Stories (1941-1944)
    Thrilling Wonder Stories (1941-1944)

FRITCH, CHARLES E.
    Gamma (1963-1965)

GERNSBACK, HUGO
    Air Wonder Stories (1929-1930)
    Amazing Detective Tales (1930)
    Amazing Stories (1926-1929)
    Amazing Stories Annual (1927)
    Amazing Stories Quarterly (1928-1929)
    Science Fiction Plus (1953)
    Thrilling Wonder Stories (1929-1936)
    Wonder Stories Quarterly (1929-1933)

GIBSON, WALTER B.
    Fantastic Science Fiction (1952)

GILLINGS, WALTER H.
    Fantasy, The Magazine of Science Fiction
        (1946-1947)
    Science Fantasy (1950-1951)
    Tales of Wonder (1937-1942)

GNAEDINGER, MARY
    A. Merritt's Fantasy Magazine (1949-1950)
    Famous Fantastic Mysteries (1939-1953)
    Fantastic Novels Magazine (1940-1951)

GOHAGEN, OMAR
    See note in Amazing Stories entry.

GOLD, HORACE L.
    Beyond Fiction (1953-1955)
    Galaxy (1950-1961)
    Worlds of If Science Fiction (1959-1961)

GOLDSMITH, CELE
    See: Lalli, Cele Goldsmith

GREEN, WALLACE I.
    Boris Karloff Story Digest Magazine (1970)
    Dark Shadows Story Digest Magazine (1970)

GREENLAND, COLIN
    Interzone (1982-   )

GREGG, STEPHEN
    Eternity (1972-1975)
    Eternity (1979-   )

HALL, CAMERON (Pseud. of Harry Harrison)
    Fantasy Fiction (1953)

HALL, GRAHAM
    New Worlds (1969)

HAMILTON, PETER, jr.
    Nebula Science Fiction (1952-1959)

HAMLING, William L.
    Imagination Science Fiction (1951-1958)
    Space Travel (1954-1958)

HARBOTTLE, PHILIP
    Vision of Tomorrow (1969-1970)

HARRISON, HARRY
    Amazing Stories (1967-1968)
    Fantastic Stories (1968)
    SF Greats (1968)
    SF Impulse (1966-1967)
    Science Fiction Adventures (1953-1954)
    Thrilling Science Fiction (1965)

HARTWELL, DAVID G.
    Cosmos Science Fiction and Fantasy Magazine
        (1977)

HENDRYX, JIM, JR.
    Great Science Fiction Stories (1964-1966)

HERSEY, HAROLD
    Ghost Stories (1931)
    Thrill Book (1919)

HOLMES, L. G.
    Authentic Science Fiction (1951-1952)

HORNIG, CHARLES D.
    Science Fiction (1939-1941)
    Science Fiction Quarterly (1940-1941)
    Science Fiction Stories (1939-1941)

HORNSEY, PATRICIA
    Science Fiction Monthly (1974-1976)

HOWLAND, ARTHUR B.
    Ghost Stories (1930)

IRWIN, THEODORE
    Suspense (1951-1952)

EDITOR INDEX

JAKOBSSON, EJLER
   Galaxy (1969-1974)
   Super Science Stories (1949-1951)
   Worlds of Fantasy (1970-1971)
   Worlds of If Science Fiction (1969-1974)
   Worlds of Tomorrow (1970-1971)

JAMES, GRAHAM
   Interzone (1982-   )

JOHNSON, LESLIE T.
   Outlands (1946)

JONES, BEATRICE
   Fantastic Universe Science Fiction (1954)

JONES, LANGDON
   New Worlds (1969)

JONES, STEPHEN
   Fantasy Tales (1977-   )

KAEMPFERT, WADE (House pseudonymn)
   Rocket Stories (1953)

KAVENEY, ROZ
   Interzone (1982-   )

KEFFER, ANNE
   Science Fiction Yearbook (1971)

KELLER, HARRY A.
   Ghost Stories (1927)

KEMSKE, FLOYD
   Galaxy (1980)

KENDIG, FRANK
   Omni (1979)

KLEIN, T. E. D.
   Rod Serling's The Twilight Zone Magazine
     (1981-   )

KLEINMAN, CYLVIA
   Satellite Science Fiction (1957-1959)

KNIGHT, DAMON
   Worlds Beyond (1950-1951)
   Worlds of If Science Fiction (1958-1959)

LALLI, CELE GOLDSMITH
   Amazing Stories (1958-1965)
   Fantastic Stories (1958-1965)

LANDIS, ARTHUR H.
   Witchcraft and Sorcery (1969-1970)

LANDSBERG, JOHN M.
   Unearth (1977-1978)

LAWTON, CLIFF
   A Book of Weird Tales (1960)

LESTER, JACK
   Science Fiction Adventure Classics
     (1967-1968)

LOWNDES, ROBERT A. W.
   Bizarre Fantasy Tales (1970-1971)
   Dynamic Science Fiction (1952-1954)
   Famous Science Fiction (1966-1969)
   Future Science Fiction (1950-1960)
   Magazine of Horror (1963-1971)
   Original Science Fiction Stories (1953-1963)
   Science Fiction (1939)
   Science Fiction Quarterly (1941-1943)
   Science Fiction Quarterly (1951-1958)
   Science Fiction Stories (1941-1943)
   Startling Mystery Stories (1966-1970)
   Weird Terror Tales (1969-1970)

LYNCH, ARTHUR H.
   Amazing Stories (1929)
   Amazing Stories Quarterly (1929)

MCCARTHY, SHAWNA
   Science Fiction Digest (1981-1982)

MCCOMAS, J. FRANCIS
   Magazine of Fantasy and Science Fiction
     (1949-1954)

MCILWRAITH, DOROTHY
   Weird Tales (1940-1954)

MAHAFFEY, BEA
   Mystic Magazine (1953-1954)
   Science Stories (1953-1954)
   Universe Science Fiction (1953-1957)

MALZBERG, BARRY M.
   Amazing Stories (1968-1969)
   Fantastic Stories (1968-1969)

MANNING, JAMES
   Ad Astra (1978-1980)

MANNING, JOHN S.
   Futuristic Science Stories (1954)
   Out of This World (1954-1955)

MANNING, PAUL
   Extro Science Fiction (1982-   )

MARGULIES, LEO
   Captain Future (1940-1944)
   Fantastic Universe Science Fiction
     (1954-1956)
   Satellite Science Fiction (1957)
   Strange Stories (1939-1941)

MARX, JOSEPH L.
   Fear (1960)

MASULLI, PATRICK
   Tales of Terror from the Beyond (1964)

MAVOR, ELINOR
   Amazing Stories (1979-1982)
   Fantastic Stories (1979-1980)

MENVILLE, DOUGLAS
   Forgotten Fantasy (1970-1972)

MERWIN, SAM, JR.
   Fantastic Story Magazine (1950-1951)
   Fantastic Universe Science Fiction (1953)
   Satellite Science Fiction (1956)
   Startling Stories (1945-1951)
   Thrilling Wonder Stories (1945-1951)
   Wonder Stories Annual (1950-1952)

MILLS, ROBERT P.
   Magazine of Fantasy and Science Fiction
     (1958-1962)
   Venture Science Fiction (1957-1958)

EDITOR INDEX

MINES, SAMUEL
    Fantastic Story Magazine (1952-1954)
    Space Stories (1952-1953)
    Startling Stories (1951-1954)
    Thrilling Wonder Stories (1951-1954)
    Wonder Stories Annual (1952-1953)

MITCHELL, CURTIS
    Fantasy Stories (1950)

MOLONEY, KATHLEEN
    Isaac Asimov's Science Fiction Magazine,
      (1982)

MOORCOCK, MICHAEL
    New Worlds (1964-1969, 1971)
    New Worlds Quarterly (1971-1973)

MOORE, SHARON
    Science Fiction Yearbook (1970-   )

MOSKOWITZ, SAMUEL
    Weird Tales (1973-1974)

MOWRE, CARSON W.
    Doctor Death (1935)

NORTON, ALDEN H.
    Astonishing Stories (1941-1943)
    Super Science Stories (1941-1943)

OLIPHANT, RONALD
    Thrill Book (1919)

OSTROWSKY-LANTZ, JONATHAN
    Unearth (1977-1978)

O'SULLIVAN, JACK
    Planet Stories (1952-1955)
    Tops in Science Fiction (1953)

OUNSLEY, SIMON
    Interzone (1982-   )

PAGE, GERALD
    Witchcraft and Sorcery (1971-1974)

PALMER, RAYMOND A.
    Amazing Stories (1947-1949)
    Amazing Stories Quarterly Reissue (1940-1951)
    Fantastic Adventures (1947-1949)
    Flying Saucers from Other Worlds (1950-1957)
    Imagination Science Fiction (1950)
    Mystic Magazine (1953-1954)
    Science Stories (1953-1954)
    Universe Science Fiction (1953-1957)

PAYNE, PAUL L.
    Planet Stories (1946-1950)

PEACOCK, W. SCOTT
    Planet Stories (1942-1945)

PFEIL, DONALD J.
    Vertex (1973-1975)

PIERCE, JOHN J.
    Galaxy (1977-1979)

PLATT, CHARLES
    New Worlds (1969-1970)
    New Worlds Quarterly (1974-1979)

POE, JOHN
    Bizarre Mystery Magazine

POHL, FREDERIK
    Astonishing Stories (1940-1941)
    Galaxy (1961-1969)
    International Science Fiction (1967-1968)
    Star Science Fiction (1958)
    Super Science Stories (1940-1941)
    Worlds of If Science Fiction (1961-1969)
    Worlds of Tomorrow (1963-1967)

PRINGLE, DAVID
    Interzone (1982)

QUINN, JAMES L.
    Worlds of If Science Fiction (1952-1959)

REISS, THERON
    Thrilling Wonder Stories (1955)

REISS, MALCOLM
    Planet Stories (1939-1942)
    Tops in Science Fiction (1953)

ROBERTS, ADOLPHE
    Ghost Stories (1928)

RYAN, CHARLES C.
    Galileo (1976-1980)

ST. JOHN, PHILIP (Pseudonym of Lester Del Rey)
    Science Fiction Adventures (1952-1953)

SAHAKI, LOU
    Argosy Special: Science Fiction (1977)

SALLIS, JAMES
    New Worlds (1968-1969)

SALTMAN, JULES
    Orbit Science Fiction (1953-1954)

SAMALMAN, ALEXANDER
    Fantastic Story Magazine (1955)
    Startling Stories (1955)

SANTESSON, HANS STEFAN
    Fantastic Universe Science Fiction
      (1956-1960)
    New Worlds Science Fiction (1960)

SCHMIDT, STANLEY
    Analog (1978-   )

SCITHERS, GEORGE H
    Amazing Stories (1982-   )
    Asimov's SF Adventure Magazine (1978-1979)
    Isaac Asimov's Science Fiction Magazine
      (1977-1982)

SCOTT, W. W.
    Super Science Fiction (1956-1959)

SEDDON, KEITH
    Vortex (1977)

SHAW, LARRY T.
    Infinity Science Fiction (1955-1958)
    Science Fiction Adventures (1956-1958)

SIMS, JUDITH
    Beyond (1981-1982)

SLOANE, T. O'CONER
    Amazing Stories (1929-1938)
    Amazing Stories Quarterly (1929-1934)

SMITH, NICK
    Fantasy Book (1981-   )

SPRIGG, T. STANHOPE
    Fantasy (1938-1939)

SPROUL, ROBERT C.
    Saturn Science Fiction and Fantasy
        (1957-1958)

STAPLETON, DOUG
    Beyond Infinity (1967)

STATTEN, VARGO (JOHN RUSSELL FEARN)
    British Space Fiction Magazine (1954-1956)

STINE, HANK
    Galaxy (1979-1980)

SYDDALL, LESLIE
    Phantom (1957-1958)

TERESI, DICK
    Omni (1982-   )

THOMAS, ROY
    Unknown Worlds of Science Fiction (1975)

TONO, HELEN
    Science Fiction Yearbook (1967-1969)

TREMAINE, F(REDERICK) ORLIN
    Analog Science Fiction Science Fact
        (1933-1937)
    Comet (1940-1941)

TUBB, E. C.
    Authentic Science Fiction (1956-1957)

VINICOFF, ERIC
    Rigel SF (1981-   )

VOGEL, HENRY L., II
    Eternity Science Fiction (1979-1980)

WEBSTER, ROBERT N. (Pseud. of Ray Palmer)
    Flying Saucers from Other Worlds (1949-1950)

WEISINGER, MORTIMER
    Captain Future (1940-1941)
    Startling Stories (1939-1941)
    Thrilling Wonder Stories (1936-1941)

WHEELER, D. E.
    Ghost Stories (1929)

WHITE, TED
    Amazing Stories (1970-1979)
    Fantastic Stories (1970-1979)

WHITEHORN, CHESTER
    Planet Stories (1945-1946)
    Science Fiction Digest (1954)
    Vortex Science Fiction (1953)

WOLLHEIM, DONALD A.
    Avon Fantasy Reader (1947-1952)
    Avon Science Fiction Reader (1951-1952)
    Cosmic Science Fiction (1941)
    Fanciful Tales of Time and Space (1936)
    Out of This World Adventures (1950)
    Stirring Science Stories (1941-1942)
    10 Story Fantasy (1951)

WRIGHT, FARNSWORTH
    Magic Carpet Magazine (1930-1934)
    Weird Tales (1924-1940)

Indexes to the Magazines

LIEN, DENNIS
    "Uncanny Tales (Canadian)," in: <u>Science Fiction Collector</u> No. 9, June, 1980.

NEW ENGLAND SCIENCE FICTION ASSOCIATION
    <u>Index to the Science Fiction Magazines, 1966-1970</u>. Cambridge, Massachusetts. NESFA, 1971.

NEW ENGLAND SCIENCE FICTION ASSOCIATION
    <u>Index to the Science Fiction Magazines, 1971-</u>. Cambridge, Massachusetts. NESFA, 1973-

RICHARDSON, DARRELL C.
    "The Witch's Tales Index," in: <u>The Fantasy Collector</u> No. 119.

STONE, GRAHAM
    <u>Australian Science Fiction Index, 1925-1967</u>. Canberra City, Australia. Australian Science Fiction Society, 1968.

STRAUSS, ERWIN S.
    <u>Index to the S-F Magazines, 1951-1965</u>. Cambridge, Massachusetts. The Author, 1966.

THIESSEN, J. GRANT
    "Super Science Stories (Canadian Series)," in: <u>Science Fiction Collector</u> No. 4, July 1977.

INDEXES TO THE SCIENCE FICTION MAGAZINES

ASHLEY, MICHAEL
    The Complete Index to Astounding/Analog. Oak Forest, IL.: Raobert Weinberg, 1981.

AUSTRALIAN SCIENCE FICTION SOCIETY
    Index to British Science Fiction Magazines, 1934-1953. Canberra City, Australia. ASFS, 1970.

BISHOP, GERALD
    Venture Science Fiction Magazine: a Checklist. Exeter, Eng.: Aardvark House, 1970.

BOYAJIAN, JERRY, AND JOHNSON, KENNETH R.
    Index to the Science Fiction Magazines, 1977- Cambridge, Mass.: TWACI Press, 1980-

COCKCROFT, T. G. L.
    Index to the Weird Fiction Magazine. Lower Hutt, New Zealand. The Author, 1962-1964. Index by author, index by title.

COOK, MICHAEL
    Monthly Murders. Westport, CT.: Greenwood Press, 1982.

DAY, DONALD B.
    Index to the Science Fiction Magazines, 1926-1950. Portland, Oregon: Perri Press, 1952.

DEWITT, JACK
    "Dr. Death," in: Bronze Shadows No. 5, July 1966.

HALL, HALBERT W. Science Fiction Book Review Index, 1923-1973. Detroit: Gale Research, 1975. 438 p.

HALL, HALBERT W. Science Fiction Book Review Index, 1974-1979. Detroit: Gale Research, 1981. 391 p.

HALL, HALBERT W. Science Fiction Book Review Index. Volume 1- . Bryan, TX: SFBRI, 1970-

JOHNSON, TOM, AND CARR, NICK
    "Dusty Ayres," in: Nemesis Incorporated No. 13, fall 1982.

APPENDIX

NON-ENGLISH LANGUAGE MAGAZINES

This preliminary bibliography of non-English language magazines has been derived from a variety of sources, and with the assistance of several correspondents, but remains incomplete and perhaps inaccurate. The ultimate goal of this section is a complete issue by issue checklist in the same format as the main body of this Checklist. The limited availability of the non-English language magazines in the United States makes the creation of the Checklist dependent on the assistance of individuals with access to the magazines. Individuals who have access to the non-English language science fiction and fantasy magazines, and who would be willing to assist in the creation of a master checklist of the science fiction and fantasy magazines should contact Hal W. Hall, 3608 Meadow Oaks Ln., Bryan, TX 77802 USA.

ARGENTINA

    GEMINIS. July-August 1965. 2 issues.
        EDITOR: H. G. Oesterheld
        PUBLISHER: Ediciones H. G. O., Cangallo.
    HOMBRES DEL FUTURO. August-October 1947. 3 issues.
        EDITOR:
        PUBLISHER: Editorial El Tabano
    MAS ALLA. June 1953-June 1957. 48 issues.
        EDITOR: Julio Portas.
        PUBLISHER: Editorial Abril, Buenos Aires.
    MINOTAURO. September 1964-June 1968. 10 issues.
        EDITOR: Ricardo Gosseyn.
        PUBLISHER: Ediciones Minotauro, Buenos Aires.
    NARRACIONES TERRORIFICAS. (April?) 1939-January 1950. 72 issues.
        EDITOR: Not known.
        PUBLISHER: Not known.
    EL PENDULO. 1980. 4 issues.
        EDITOR: Not known.
        PUBLISHER: Not known.
    EL PENDULO. (May?) 1981-
        EDITOR: Andres Cascioli.
        PUBLISHER: Ediciones de la Urraca, Buenos Aires.
    PISTAS DEL ESPACIO. May 1957-April 1959. 14 issues.
        EDITOR: A. Bois.
        PUBLISHER: Editorial Acme, S. A. C. I.
    LA REVISTA DE CIENCIA FICCION Y FANTASIA. October 1976-February
        1977. 3 issues.
        EDITOR: Marcial Souto.
        PUBLISHER: Ediciones Orion, Buenos Aires.
    UMBRAL TIEMPO FUTURO. November 1977- ?
        EDITOR: Nahuel Villegas, Fabio Zerpa.
        PUBLISHER: Cielosur Editora S. A. C. I., Buenos Aires.
    URANIA. October/November-December 1953. 2 issues.
        EDITOR: Julio A. Echevarria.
        PUBLISHER: Selecciones Argentinas, Rosario.

AUSTRIA.

    Austria had no true science fiction magazines, even though _Star-Utopia_ and _Uranus_ are reported as magazines in some sources. These two titles are more nearly modern equivalents of the old dime-novels, usually saddle stitched "booklets", softbound, of 32 or 64 pages each, containing a single story. Occasionally a second short item is included. Frequently, the booklets are part of a series with a single hero. _Star-Utopia_ was published by Josef-Maria Steffek, Vienna, and appeared in 10 issues in 1957-1958. (F. Rottensteiner)

BELGIUM

    ANTICIPATIONS. 25th September 1945-May 1946. 14 issues.
        EDITOR: Not known.
        PUBLISHER: Not known.

BELGIUM

APOLLO. May 1972-November 1973. 20 issues.
    EDITOR: A. Van Hageland.
    PUBLISHER: De Schorpioen/De Vrijbuiter, Strombeek-Bever.
ATLANTA. January 1966-December 1967. 12 issues.
    EDITOR: Michael Grayn.
    PUBLISHER: Michael Grayn.
CLUB. March 1958-1961. 15 science fiction issues.
    EDITOR: Not known.
    PUBLISHER: Castrum, Gent.
    The science fiction issues were numbers 2, 6, 10, 14, 16, 18, 21, 23, 31, 36, 40, 48, 54, and at least two others.
HORROR. January 1973-May 1974. 28 issues.
    EDITOR: Not known.
    PUBLISHER: Not known.
UTOPIA. June 1961-May 1963. 24 issues.
    EDITOR: Albert van Hageland
    PUBLISHER: DeSchorpioen, Strombeek-Bever.

BRAZIL

GALAXIA 2000. February 1968- ?
    EDITOR: Not known.
    PUBLISHER: Not known.
MAGAZINE DE FICCAO CIENTIFICA. 1970- ?
    EDITOR: Not known.
    PUBLISHER: Not known.

CANADA

LES ADVENTURES FUTURISTES. March 1-September 1949. 10 issues.
    EDITOR: Not known.
    PUBLISHER: Not known.

DENMARK

MANADENS BEDSTE SCIENCE-FICTION. September 1975-April 1977. 16 issues.
    EDITOR: Frits Remar.
    PUBLISHER: Schroder Publications, Copenhagen.
PLANETMAGAZINET. Undated, ca January-June 1968. 6 issues.
    EDITOR: Knud Erik Andersen.
    PUBLISHER: Skrifola, Copenhagen.

PROXIMA. October 1974- ?
    EDITOR: Carsten Schioler, plus other members of the Association.
    PUBLISHER: Danish SF Circle.
SCIENCE FICTION MAGASINET. June 1977- ?
    EDITOR: Henry Madsden, Bent Irlov, Ove Hoyer, and Neils Sondergaard.
    PUBLISHER:

FINLAND

AIKAMME TIETEIS LUKEMISTO. August-December 1958. 5 issues.
    EDITOR: Mary A Wuorio.
    PUBLISHER: Viikkosanomat Oy.
    Finnish edition of Galaxy.
AIKAKONE. fall 1981-
    EDITOR: Jari Koponen.
    PUBLISHER: Ursa Astronomical Association.
ISAAC ASIMOV'S SCIENCE FICTION VALIKOIMA. spring 1981-
    EDITOR: Kari Lindgren.
    PUBLISHER: Viihdeviikarit Oy.
    Finnish edition of the U. S. magazine minus the editorial departments.

FRANCE

ARGON. April-October 1975. 7 issues.
    EDITOR: Daniel Lamy.
    PUBLISHER: Alain Detallante.
L'AUBE ENCLAVEE. 1970-1972. 6 issues.
    EDITOR: Henri-Luc Planchat.
    PUBLISHER: Planchat.
AU DELLA DU CIEL. March 16, 1958-February 1961. 40 issues.
    EDITOR: Cesare Falessi and Armando Silvertri.
    PUBLISHER: E. Silvestri, Rome.
CHRONIQUES TERRIENNES. May 1975. 1 issue.
    EDITOR: Herve Designe and Lionel Hoebeke.
    PUBLISHER: Librairie "Paralleles".
CONQUETES. September 1939. 2 issues.
    EDITOR: Georges H. Gallet.
    PUBLISHER: Societe des periodiques illustres du Petit Parisien.
FICTION. October 1953-
    EDITOR: No. 1-279, Alain Doremieux; No. 280- ?, Daniel Riche; No. ? -   , Alain Doremieux.
    PUBLISHER: Editions OPTA until December 1977; then Les Nouvelles Editons OPTA.
FUTURS. June 1978-December 1978. 7 issues.
    EDITOR: Gerard Klein, Philippe Curval, Grichka and Igor Bogdanoff, and J.-C. Mezieres.
    PUBLISHER: Futurs Presse Editions S.A.
FUTURS. March-May 1981. 3 issues.
    EDITOR: Pierre Delmotte.
    PUBLISHER: Idemedia.
GALAXIE. (First Series) November 1953-April 1959. 65 issues.
    EDITOR: No. 1-11, Irina Orloff; No. 12-27, Jacqueline Boissy; No. 28-65, Jeannine Courtillet.
    PUBLISHER: Editiones OPTA, Paris.
GALAXIE. (Second Series) May 1964-August/September 1977. 158 issues.
    EDITOR: No. 1-67, Alain Doremieux; No. 68-158, Michel Demuth.
    PUBLISHER: Editions OPTA, Paris.

FRANCE

HORIZON 3000. July 1976. 1 issue.
    EDITOR: Alain Tremblay.
    PUBLISHER: Not known.
HORIZONS DU FANTASTIQUE. late 1968-1976. 37 issues.
    EDITOR: No. 1-26, Dominique Besse; No. 27-35, Marianne Leconte.
    PUBLISHER: Editions EKLA (Dominique Besse)
OPZONE. March 1979- ? 8 issues.
    EDITOR: Francis Valery.
    PUBLISHER: Opzone S. A./Jacky Goupil.
PIRANHA. March 1977-1980?
    EDITOR: Yann Menez.
    PUBLISHER: Piranha/Jean Mesnais (a. k. a. Yann Menez)
SATELLITE. January 1958-December 1962. 47 issues.
    EDITOR: No. 1-29, Herve Calixte; No. 30-47, R. Volney.
    PUBLISHER: Satellite, Paris; Editions Scientifiques et Litteraires, Paris.
SCIENCE FICTION MAGAZINE. 1953. 1 issue.
    EDITOR: Not known.
    PUBLISHER: unknown, Paris.
SCIENCE FICTION MAGAZINE. November 1976-May 1977. 7 issues.
    EDITOR: Jean-Louis Ferrando
    PUBLISHER: Editions de France, S. A.
SPIRALE. June 1975-October 1976. 6 issues.
    EDITOR: Fermin Gonzalez, Pierre Grimaldi, Andre Colie, Richard D. Nolane, and Karl Johns.
    PUBLISHER: Slan Club/Andre Colie/Fermin Gonzalez
UNIVERS. June 1975-fall 1979. 19 issues.
    EDITOR: Yves Fremion
    PUBLISHER: J'ai Lu, Paris

GERMANY

(Note: Germany has many continuously numbered SF series, but few are magazines in the traditional sense. Most series appear frequently, often weekly, and feature translated or original short novels, perhaps only one or two per volume, and frequently drastically abridged. They are bibliographically parallel to the old dime novel series which were sequentially numbered but in no way constituted a continuous series publication. Most of these titles are excluded from this listing of magazines to avoid compounding the confusion as to their actual form. The titles listed here are all SF magazines, or are listed for clarification. A brief appendix identifies additional titles which are sometimes identified as magazines.)

ANDROMEDA. October/November 1978-July/August 1980. 5 issues.
    EDITOR: Hans-Jurgen Frederichs
    PUBLISHER: SF Club Deutschland
COMET. May 1977-June 1978. 8 issues.
    EDITOR: No. 1-3, Hans Joachim Alpers, Ronald Hahn, Werner Fuchs; No. 4-8, Renate Stroik
    PUBLISHER: Tandem Verlag

COMET SONDERBAND. 1978. 1 issue.
    EDITOR: Renate Stroik
    PUBLISHER: Tandem Verlag
COSMONAUT: MAGAZIN FUR SCIENCE FICTION. December 1980-
    EDITOR: Not known.
    PUBLISHER: Michael Kunath, Wurzburg.
DEUTSCHES SCIENCE FICTION MAGAZIN. August/September 1981.
    1 issue.
    EDITOR: Wolfgang Dulm (e.g. Uwe Draber)
    PUBLISHER: Printy, Hanover
GALAXIS. March 1958-May 1959. 15 issues.
    EDITOR: Lothat Heinecke
    PUBLISHER: Moewig Verlag, Munich
HEYNE SCIENCE FICTION MAGAZIN. November 1981-
    EDITOR: Wolfgang Jeschke
    PUBLISHER: Heyne Verlag, Munich
DER ORCHIDEENGARTEN. April 1919-May 1921. 51 issues.
    EDITOR: Karl Hans Strobl and Alf von Czibulka
    PUBLISHER: Dreilander Verlag, Munich
PERRY RHODAN SONDERHEFT. spring 1978-June 1981. 28 issues.
    EDITOR: 1978-May 1980, Hans Gamber; June 1980-January 1981,
        Helmut Gabriel; February 1981, Walter Fuchs; March
        1981-June 1981, Hans-Jurgen Frederichs.
    PUBLISHER: Eric Pabel Verlag, Rastatt
SOLARIS. April 1982-
    EDITOR: Uwe Luserke
    PUBLISHER: Jurgen Mercker, Gerlingen
SPACE TRAVEL. 1981-
    EDITOR: K.-H. Schmitz
    PUBLISHER: Ubergrenzen Verlag, Bonn
2001. April 1978-January/February 1979. 5 issues.
    EDITOR: Uew Nielsen
    PUBLISHER: Budo-Sport-Verlag, Neu-Isenberg
UTOPIA MAGAZIN. winter 1955-August 1959. 26 issues.
    EDITOR: No. 1-2, Walter Ernsting; No. 3-20, Walter Spiegl
        and Norbert Wolfl; No 21-26, Norbert Wolfl (under the
        pseudonym Bert Koeppen).
    PUBLISHER: Erich Pabel Verlag, Rastatt

APPENDIX-GERMANY

The following titles are included here for clarification, either because their title is similar to a magazine title, or because they have been previously identified as magazines.

ANALOG. 1-   1981-
    EDITOR: Hans Joachim Alpers
    PUBLISHER: Moewig Verlag, Munich
    A pocket book series, featuring selections from the American
        Analog. (F. R.)
GALAXY. 1-14. 1965-1970.
    EDITOR: No. 1-9, Walter Ernsting; No. 10-14, Walter Ernsting
        and Thomas Schluck.
    PUBLISHER: Heyne Verlag, Munich

A pocket book series, featuring selections from the American *Galaxy*. (F. R.)

ISAAC ASIMOV'S SCIENCE FICTION MAGAZIN.
EDITOR: Wolfgang Jeschke
PUBLISHER: Heyne Verlag, Munich
A pocket book anthology series, selected from the American *Isaac Asimov's Science Fiction Magazine*. Not a magazine in spite of its title.

KAPITAN MORS. circa 1908-1913. over 165 issues.
EDITOR: Not known.
PUBLISHER: Druckund Verlag
Not technically a magazine, the Kapitan Mors adventures were a series of German "dime novels" under the general title of *Der Luftpirat*.

KOPERNIKUS. 1- 1980-
EDITOR: Hans Joachim Alpers
PUBLISHER: Moewig Verlag, Munich
Paperback anthology series. (F. R.)

MAGAZINE OF FANTASY AND SCIENCE FICTION. (Series title.) 1963-
EDITOR: No. 1-9, Charlotte Winheller; No. 10-14, Walter Ernesting; No. 15-42, Wulf H. Bergner; No. 43-   , Manfred Kluge.
PUBLISHER: Heyne Verlag, Munich
While not a standard SF magazine, an edition of the *Magazine of Fantasy and Science Fiction* is published. A regular selection of material from the American magazine is made and published as a part of the Heyne SF Series. Some 56 selections have been published to date, most of which bear as their title the title of the lead story. (M. A.)

POLARIS.
EDITOR: Franz Rottensteiner
PUBLISHER: Heyne Verlag, Munich
Paperback anthology series featuring both stories and articles.

SCIENCE FICTION STORIES. 1-92. 1970-1982.
EDITOR: Walter Spiegl
PUBLISHER: Ullstein, Berlin
A paperback anthology series reprinting from both magazines and other anthologies. (F. R.)

SOLARIS. No. 1-   August/September 1982-
EDITOR: Uwe Luserke
PUBLISHER: Jurgen Mercker
Issues typically contain 2-3 stories, mostly first German printings, writer's portraits, interviews, articles on SF, a series segment on the history of the SF magazines, news, reviews, and interior illustrations.

ULLSTEIN 2000.
The general title of Ulstein's paperback SF line, usually two titles per month. This series titles is sometimes mistakenly cited as a magazine.

HUNGARY

GALAKTIKA. fall 1972-
   EDITOR: Peter Kuczka
   PUBLISHER: Kozmosz Konyvek, Budapest

ISRAEL

COSMOS. 1958. 4 issues.
   EDITOR:
   PUBLISHER: Tash-Ted, Tel Aviv.
COSMOS. 1979. 6 issues.
   EDITOR: D. Kol
   PUBLISHER: "Atid", Ramat HaSharon
FANTASIA 2000. 1978-
   EDITOR: Not known.
   PUBLISHER: No. 1-15, A. Tene, Tel Aviv; No. 16- Hyperion, Tel Aviv.
FLASH GORDON. 1963. 7 issues.
   EDITOR: Not known.
   PUBLISHER: Ramdor, Tel Aviv.
MADA DIMIONI. 1958. 13 issues.
   EDITOR: Not known.
   PUBLISHER: Not known.
OLAM HaMAHCAR. 1979? 1 issue.
   EDITOR: Amir Gavrelli, Jacob Or
   PUBLISHER: Khotam, Tel Aviv.

ITALY

ALPHA TAU
   see I NARRATORI DELL'ALPHA TAU
ALTAIR. October 1976-May 1977. 8 issues.
   EDITOR: Antonio Bellomi
   PUBLISHER: Casa Editrice "Il Picchio", Milan
ASTROMAN. December 1957-January 1958. 2 issues.
   EDITOR: Pini Segna
   PUBLISHER: Edizioni RAID, Milan
AU DELA DU CIEL
   The French language of Oltre il Cielo. See entry under France.
CORRIERE DELLO SPAZIO. April 1959-May 1963. 51 issues.
   EDITOR: Manuel Lualdi
   PUBLISHER: Soc. Iniziative Editorialie Aeronautiche, Milan
COSMIC. June 1957-May 1958. 3 issues.
   EDITOR: Mario Todarello
   PUBLISHER: Irsa Muraro Editrice, Rome
COSMO. November 1961-April 1965. 89 issues.
   EDITOR: See I Romanzi del Cosmo for editor details.
   PUBLISHER: Ponzoni Editore, Milan.
COSMO. 1970-
   EDITOR: Gianfranco Viviani
   PUBLISHER: Editrice Nord, Milan

ITALY

CRONACHE DEL FUTURO. 15 August 1957-16/30 August 1958. 24 issues.
   EDITOR: Salvatore Cappadonia
   PUBLISHER: Edizione Periodici Kappa, Rome

LE CRONACHE DEL FUTURO. 30 November 1958-30 MAY 1959. 11 issues.
   EDITOR: Salvatore Cappadonia
   PUBLISHER: Editrice Maya, Rome

FANTASCIENZA. November 1954-May 1955. 7 issues.
   EDITOR: Livio Garzanti
   PUBLISHER: Garzanti gli Fratelli Treves, Milan

FANTASCIENZA. May-October 1976. 3 issues.
   EDITOR: Maurizio Nati, Sandro Permageno
   PUBLISHER: Editrice Ciscato, Milan

FANTASCIENZA SOVIETICA. September 1966-June 1967. 7 issues.
   EDITOR: Ugo Ugolini
   PUBLISHER: Editrice FER, Rome

FANTASIA & FANTASCIENZA. December 1962-October 1963. 10 issues.
   EDITOR: G. Jori
   PUBLISHER: Minerva Editrice, Milan

FANTAVVENTURA. October-November 1961. 2 issues.
   EDITOR: Luigi Santucci
   PUBLISHER: Luigi Santucci, Rome

FUTURIA. September-December 1964. 4 issues.
   EDITOR: Franco Enna
   PUBLISHER: Zillitti Editore, Milan

FUTURO. May/June 1963-15 November 1964. 8 issues.
   EDITOR: No. 1-5, Lino Aldani and Massimo Lo Jacono, No. 6-8, Massimo Lo Jacono.
   PUBLISHER: Editorialo Futuro, Rome

GALASSIA. January-June 1953. 3 issues.
   EDITOR: Orfeo Giovanni Landini
   PUBLISHER: Edizioni Galassia, Milan

GALASSIA. January-April 1957. 5 issues.
   EDITOR: Luigi Rapuzzi Johannes, assisted by M. Maglioni, Giorgio Monicelli, P. Dalloro, C. Nadalina, and E. Stern.
   PUBLISHER: Casa Editrice Galassia, Udine

GALASSIA. January 1961-February 1978. 230 issues.
   EDITOR: No. 1-8, Mario Vitali, No.9-59, Roberta Rambelli (assisted by Ugo Malaguti on No. 57-59), No. 60-110, Ugo Malaguti, No. 111-204, Vittorio Curtoni and Gianni Montanari, No. 205-230, Gianni Montanari.
   PUBLISHER: Casa Editrice La Tribuna, Piacenza

GALAXY. June 1958-May 1964. 72 numbered issues in 70.
   EDITOR: No. 1-26/27, R. Valente, No. 28/29-39, Mario Vitali, No. 40-72, Lella Pollini Rambelli.
   PUBLISHER: No. 1-10, Editrice Due Mondi, Milan; No. 11-72, Casa Editrice La Tribuna, Piacenza

GAMMA. October 1965-March 1968. 27 issues.
   EDITOR: Valention De Carlo and Ferruccio Allesandri
   PUBLISHER: No. 1-5, Edizione Gamma, Milan; No. 6-27, Edizione dello Scorpione, Milan

GEMINI. September 1977-1979. 15 issues.
   EDITOR: Mameli Gatti
   PUBLISHER: Edizione Diffusione Nationaleo, Milan

GLI ESPLORATORI DELLO SPAZIO. December 1961-February 1963. 11 issues.
    EDITOR: No. 1-8, Antonio Cantarella; No. 9-11, Aldo Crudo
    PUBLISHER: Editrice Romana Periodici, Roma

GLI SHOCKS. February-August 1967. 7 issues.
    EDITOR: Teodoro Giuttari
    PUBLISHER: Not known.

I NARRATORI DELL'ALPHA TAU. 12 January-15 June 1957. 9 issues.
    EDITOR: No. 1-4, Bernardino de Rugeriis; No. 5-9, Mario Todarello
    PUBLISHER: Irsa Muraro Editrice, Rome

I RACCONTI DEL TERRORE. June 1962-January 1963. 8 issues.
    EDITOR: G. Sansoni
    PUBLISHER: Not known.

I ROMANZI DEL COSMO. June 1957-May 1967. 202 issues.
    EDITOR: No. 1-10, Giogrio Monicelli, as Tom Arno; No. 11-18, Luigi Johannes Rapuzzi; No. 19-20, F. P. Aldorin; No. 21-58, Marco Paini; No. 59-85, Gianni Tosi; No. 86-141, Franco Urbini; No. 142-169, Annico Pau; No. 170-202, Giancarlo Cella.
    PUBLISHER: Ponzoni Editore, Milan

I ROMANZI DEL FUTURO. 20/25 March - 20/30 May 1961. 5 issues.
    EDITOR: Salvatore Cappadonia
    PUBLISHER: Edizione P. E. N., Rome

I ROMANZI DI URANIA/URANIA. October 1952-   800+ issues.
    EDITOR: No. 1-267, Giorgio Monicelli; 281-355, Carlo Fruttero; No. 355-   , Carlo Fruttero and Franco Lucentini.
    PUBLISHER: Arnoldo Mondadori, Milan

ISAAC ASIMOV - REVISTA DI FANTASCIENZA. 1982-
    EDITOR: Vittorio Curtoni
    PUBLISHER: Armenia SIAD Edizione, Milan

KADATH. October 1979-
    EDITOR: Francesco Cova
    PUBLISHER: The Kadath Press, Genova

MICROMEGA. January 1967. 1 issue.
    EDITOR: Carlo Bordoni
    PUBLISHER: Not known.

MONDI ASTRALI. January-April 1955. 4 issues.
    EDITOR: Eggardo Beltrametti
    PUBLISHER: Gabriele Gioggi, Rome

NOVA. May 1967-1978. 38 issues.
    EDITOR: Ugo Malaguti
    PUBLISHER: Libra Editrice, Bologna

OLTRE IL CIELO. 16/30 September 1957-Jan/Feb. 1970. 154 issues.
    EDITOR: Armando Silvestri, Cesare Falessi
    PUBLISHER: No. 1-81, E. Silvestri; No. 82-155, Gruppo Editoriale Esse, Rome

PERRY RHODAN. March 1976-1979.
    EDITOR: Mameli Gatti (pseudonym of Antonio Bellomi)
    PUBLISHER: Solaris Editrice, Milan

PIANETA. March 1964-July 1968. 23 issues.
    EDITOR: Louis Pauwels
    PUBLISHER: Not known

ITALY

POKER D'ASSI. January-February 1959. 2 issues.
    EDITOR: Vittorio Della Cese
    PUBLISHER: Editrice Poker D'Assi, Rome
PROXIMA. April-July 1966. 4 issues.
    EDITOR: Luigi Cozzi, Franco Filanci
    PUBLISHER: Granillo Editore, Torino
LA RIVISTA DI ISAAC ASIMOV. spring 1978-November 1980. 11 issues.
    EDITOR: Karel Thole
    PUBLISHER: Arnoldo Mondadori, Milan
LA RIVISTA DI ISAAC ASIMOV - AVVENTURE SPAZIALI E FANTASY.
    1981-1982. 4 issues.
    EDITOR: Vittorio Curtoni
    PUBLISHER: Armenia SIAD Edizioni, Milan
ROBOT. April 1976-August 1979. 40 issues.
    EDITOR: Michele Armenia, Laura Fasolino, Guiseppi Lippi
    PUBLISHER: Armenia Editore, Rome
SCIENZA FANTASTICA. April 1952-March 1953. 7 issues.
    EDITOR: Lionello Torossi
    PUBLISHER: Editrice Krator, Rome
SF CRONACHE. December 1967. 1 issue.
    EDITOR: Gianluigi Missiaja
    PUBLISHER: Centro Cultori Science Fiction
SPAZIO 2000. June 1977-1978. 19 issues.
    EDITOR: Antonio Bellomi
    PUBLISHER: Editrice il Picchio
SUPER FANTASCIENZA ILLUSTRATA. July 1961-April 1962. 10 issues.
    EDITOR: Gino Sansoni
    PUBLISHER: ILE, Milan
SUPERSPAZIO. November 1961-November 1962. 10 issues.
    EDITOR: G. Jori
    PUBLISHER: Minerva Editrice, Milan
TERRORE. April-July 1961. 6 issues.
    EDITOR: Salvatore Cappadonia
    PUBLISHER: Edizione P. E. N., Rome
TERRORE (1962/1963) see I RACCONTI DEL TERRORE
URANIA. November 1952-December 1953. 14 issues.
    EDITOR: Giorgio Monicelli
    PUBLISHER: Arnoldo Mondadori, Milan
URANIA. see I ROMANZI DI URANIA.
VERSO LE STELLE. 1977-1979. 8 issues.
    EDITOR: Mameli Gatti (pseudonym of Antonio Bellomi)
    PUBLISHER: Solaris Editrice, Milan

NOTE: A series of profiles of the Italian SF magazines appeared in the Italian magazine <u>Wow</u> in the early 1970s.

JAPAN

AMAZING STORIES. April- July 1950. 7 issues.
    EDITOR: Not known.
    PUBLISHER: Seibundo Shinkosha, Tokyo
HOSEKI.
    EDITOR: Not known.
    PUBLISHER: Hoseki-sha, Tokyo

KISO-TENGAI. January-October 1974. 10 issues.
April 1976-October 1981. 67 issues.
    EDITOR: Tadao Sone
    PUBLISHER: First series, Seiko-sha, Tokyo; second series, Kiso-Tengai-sha, Tokyo
SEIUN. January 1955. 1 issue.
    EDITOR: Chizuo Ohta
    PUBLISHER: Morinomichi-sha, Tokyo
SF ADVENTURE. May 1979-
    EDITOR: Yoshio Sugawara
    PUBLISHER: Tokuma-Shoten, Tokyo
SF HOSEKI. August 1979-June 1981. 12 issues.
    EDITOR: Hisanori Taniguchi
    PUBLISHER: Kobunsha, Tokyo
SF MAGAZINE. February 1960-
    EDITOR: No. 1-122, Masami Fukushima; No. 123-185, Masara Mori; No. 186-198, Ryozo Nagashima; No. 199-225, Taku Kurahashi; No. 226-246, Hiroshi Hayakawa (with Kiyoshi Imaoka); No. 247-   , Kiyoshi Imaoka.
    PUBLISHER: Hayakawa-shobo, Tokyo
STARLOG. August 1980-
    EDITOR: No. 1-7, Koh Miyamuta; No. 10-33, Shigahara Nakao; No. 34- , Ryohei Takahashi.
    PUBLISHER: Tsurumoto-Room

NOTE: Japan featured many "Special Science Fiction Issues" in the fifties and sixties, to satisfy the demand for quality SF in the absense of a continuing SF magazine. One of these, _Hoseki_, is cited in this listing, but the scholar should be aware there were many more issues similar to this one. No listing of these special issues was discovered during the preparation of this listing.

MEXICO

ANTOLOGIA DE CUENTOS FANTASTICOS, POLICIACOS Y MYSTERIO. August - November 1950. 4 issues.
    EDITOR: Not known.
    PUBLISHER: Not known.
CIENCIA-FICCION ESPACIO. August 1977-
    EDITOR: Carlos Jauma Guix
    PUBLISHER: Editorial Mosaico
CIENCIA Y FANTASIA. September 1946-December 1957. 14 issues.
    EDITOR: Not known.
    PUBLISHER: Novaro-Mexico, S.A.
LOS CUENTOS FANTASTICOS. July 1948-May 1953. 44 issues.
    EDITOR: Not known.
    PUBLISHER: Not known.
ENIGMAS. August 1955-May 1958. 16 issues.
    EDITOR: Bernandino Diaz
    PUBLISHER: Editorial Proteo, S.A., Mexico City
ESPACIO.
    See CIENCIA-FICCION ESPACIO.

MEXICO

FANTASIAS DEL FUTURO. September 1958. 1 issue.
   EDITOR: Antonio Gascon
   PUBLISHER: Editora Sol, S.A., Mesones

NETHERLANDS

APOLLO.
   Joint Dutch/Belgian publication. See under Belgium.
ESSEF. January/March 1977-1979. 9 issues.
   EDITOR: R. A. J. Zielschot
   PUBLISHER: R. A. J. Zielschot, Utrecht
ESSEF
   See ORBIT
FANTASIE IN WETENSCHAP. December 1948-March 1949. 4 issues.
   EDITOR: Ben Abbas
   PUBLISHER: Ben Abbas and Lo Hartog Van Banda.
GALAXIS. October 1966-February 1967. 5 issues.
   EDITOR: Theo Kemp
   PUBLISHER: Vector, Dordrecht
HOLLAND-SF. 1966- . 80 issues through July 1982.
   EDITOR: Annemarie Kindt
   PUBLISHER: NCSF, Den Haag
HORROR
   Joint Dutch/Belgian publication. See under Belgium.
MORGEN. September 1971-November 1972. 6 issues.
   EDITOR: Manual van Loggem
   PUBLISHER: No. 1-5, De Dam, Schiedam; No. 6, R. A. J.
     Productions, Utrecht.
ORBIT. autumn 1977-
   EDITOR: Kees Van Toorn
   PUBLISHER: Kees Van Toorn, Rotterdam
PLANEET. January 1953. 1 issue.
   EDITOR: N. Osterbaan
   PUBLISHER: Durkkerijen Cevado, The Hague
SF - SCIENCE FICTION AVONTUREN IN RUIMTE EN TIJD. 1981. 10 issues.
   EDITOR: House team.
   PUBLISHER: Meulenhoff/De Tijdruimte, Amsterdam
SPACE FICTION. 1951. 1 issue.
   EDITOR: Tim Verheggen and Henk Luderichs
   PUBLISHER: Space Fiction, Amsterdam

NORWAY

NOVA. 1971-1979. 34 issues.
   EDITOR: Terje Wanberg, Oyvind Myhre, Per G. Olson, Johannes
     H. Berg.
   PUBLISHER: Stowa Forlag
TEMPO-MAGASINET. November 1953-March 1954. 5 issues.
   EDITOR: Arne Ernst
   PUBLISHER: Greens Forlag

POLAND

    FANTASTYKA. October 1982-
        EDITOR: Adam Hollanek
        PUBLISHER: Krajowe Wydawnictwo Czasopism RSW
           "Prasa-Ksiazka-Ruch"

ROMANIA

    COLECTIA "POVESTIRI STIINTIFICO-FANTASTICE". 1 October 1955-
        15 April 1974. 466 issues.
        EDITOR: Adrian Rogoz
        PUBLISHER: Editura Scinteia, Bucharest
    Supplement to Stiinta si Tehnica.

SPAIN

    ALIEN: EL MUNDO DE LA CIENCIA Y LO SOBRENATURAL. December 1981-
        EDITOR: Javier Viejo Comas
        PUBLISHER: CEDISA, Barcelona
    ANTICIPACION. October 1966-April 1967. 7 issues.
        EDITOR: Domingo Santos and Luis Vigil
        PUBLISHER: Editorial Ferma, Barcelona & Buenos Aires
    CIENCIA-FICCION. 1982?-
        EDITOR: Not known.
        PUBLISHER: Ciencia-ficcion, Madrid
    CONTACTO. 1981?-
        EDITOR: Not known.
        PUBLISHER: Not known.
    ESPACIO. ca 1950s to 1960s
        EDITOR: Not known.
        PUBLISHER: Not known.
    FANTASTICA. 1948? 19 issues
        EDITOR: Not known.
        PUBLISHER: Not known.
    FUTURO. 1953-1954. 34 issues
        EDITOR: Not known.
        PUBLISHER: Not known.
    ISAAC ASIMOV'S SF MAGAZINE.
        EDITOR: Not known.
        PUBLISHER: Piacazo Editores
    LUCHADORES DEL ESPACIO. 1950s?
        EDITOR: Not known.
        PUBLISHER: Not known.
    NUEVA DIMENSION. January 1968-
        EDITOR: Domingo Santos
        PUBLISHER: Ediciones Nueva Dimension, Barcelona
    S. I. P. ?-1962. over 200 issues
        EDITOR: Not known.
        PUBLISHER: Not known.

SWEDEN

GALAXY. September 1958-June 1960. 19 issues.
    EDITOR: Henrik Rabe
    PUBLISHER: Not known.
HAPNA! March 1954-January 1966; winter-autumn 1969. 137 numbers in 119 physical issues.
    EDITOR: First series, Kjell Edstrom; Second series, Sam Lundwall
    PUBLISHER: First series, Kindberg, Jonkoping; Second series, Lundwall Fakta & Fantasi
HUGIN. April 1916-December 1920. 82 issues.
    EDITOR: Otto Witt
    PUBLISHER: Hugin Forlag
JULES VERNE MAGASINET. October 1940-February 1947. 332 issues. May 1969-
    EDITOR: First series, Rolf Ahlgren; Second series, Bertil Falk (1969-1971), Sam Lundwall, (1972-   )
    PUBLISHER: First series, not identified; Second series, Falk (1969-1971), Askild & Karnekul (1972), Delta Forlag, Bromma (1973-)
NOVA SCIENCE FICTION. No. 1-   March 1982-
    EDITOR: John-Henri Holmberg and Per W. Insulander
    PUBLISHER: Laissez faire produktion AB, Stockholm

TURKEY

ANTARES. March 1974-
    EDITOR: Sezar Erkin Ergin
    PUBLISHER: Kultur Dergisi
X-BILINMEYEN. April 1976-
    EDITOR: Selma Mine
    PUBLISHER: Bahariye Kusukestamesi
Both these magazines appear to be more magazines about SF in all its forms than primarily fiction magazines. They do include some fiction from a variety of sources, and some Turkish fiction.

U. S. S. R.

MIR PRIKLIUCHENII. 1910-1930.
    Sometimes reported as a "science fiction" magazine, Mir Prikliuchenii was more an adventure magazine which sometimes carried SF, similar to the American Argosy,

YUGOSLAVIA

GALAKSIJA. April 1972-
    EDITOR: Gavrilo Vuckovic
    PUBLISHER: BIGZ, Beograd
KOZMOPLOV. March 1969-15 June 1970. 24 issues.
    EDITOR: Gavrilo Vuckovic
    PUBLISHER: Duga, Beograd

SIRIUS. July 1976-
    EDITOR: Borivoj Jurkovic
    PUBLISHER: Vjesnik, Zagreb

Yugoslavia also publishes a bulky science fiction almanac called Andromeda, which has appeared three times since 1976. It features both SF and non-fiction, and is edited by Gavrilo Vuckovic for BIGZ in Beograd.

Ref Z 5917 .S36 H37 1984
Hall, Halbert W.
The science fiction
 magazines